# 世界历史悬疑奇案

SHIJIE LISHI XUANYI QI'AN

才学世界　主编：崔钟雷

吉林美术出版社 | 全国百佳图书出版单位

图书在版编目（CIP）数据

世界历史悬疑奇案／崔钟雷主编．—长春：吉林
美术出版社，2010.7（2022.9 重印）
（才学世界）
ISBN 978 - 7 - 5386 - 4468 - 5

Ⅰ．①世…　Ⅱ．①崔…　Ⅲ．①世界史 - 通俗读物
Ⅳ．①K109

中国版本图书馆 CIP 数据核字（2010）第 127286 号

**世界历史悬疑奇案**

SHIJIE LISHI XUANYI QI'AN

| | |
|---|---|
| 主　　编 | 崔钟雷 |
| 副 主 编 | 于晓蕊　刘志远 |
| 出 版 人 | 赵国强 |
| 责任编辑 | 栾　云 |
| 开　　本 | 787mm×1092mm　1/16 |
| 字　　数 | 120 千字 |
| 印　　张 | 9 |
| 版　　次 | 2010 年 7 月第 1 版 |
| 印　　次 | 2022 年 9 月第 4 次印刷 |

| | |
|---|---|
| 出版发行 | 吉林美术出版社 |
| 地　　址 | 长春市净月开发区福祉大路5788号 |
| | 邮编：130118 |
| 网　　址 | www.jlmspress.com |
| 印　　刷 | 北京一鑫印务有限责任公司 |

ISBN 978 - 7 - 5386 - 4468 - 5　　定价：38.00 元

# 前 言
## foreword

---

我们阅读历史，是为了寻找人类发展、文明进步的轨迹；我们探索历史，是为了还原真相、明辨是非。历史留给人们许许多多难以解开的谜团，就如同具有强大磁力的磁铁一般，吸引着人们不断求知与探索。为了使更多的人能够了解这个世界中的神秘与奇妙，我们特奉上这本《世界历史悬疑奇案》。

本书收录了世界上广为流传的经典历史悬案，囊括了文化艺术、名人逸事、政治军事、宫廷秘闻四个部分，并引用大量最新、最具科学性的资料，辅以精美彩图，在探索奥秘的同时，给人们以良好的视觉享受，培养人们科学严谨的学习态度，并将历史一幕幕重现于眼前。爱德华八世为何放弃王位？隆美尔将军死因的真相是什么？托尔斯泰晚年为何选择离家出走？众多长久以来困扰人们的谜团，在本书中也将有新的发现。

社会在进步，光阴在消逝，历史之谜没有因时间的久远而被湮没，人们仍在研究，在探索，从未停止思考的大脑依旧在追寻着真相。现在我们就从这里开始揭秘历史未解之谜行动的第一步吧！

编　者

## 文化艺术

# CONTENTS

## 名人逸闻

# CONTENTS

## 政治军事

## 宫廷秘闻

# CONTENTS

# 世界历史悬疑奇案
SHIJIE LISHI XUANYI QI'AN

## 文化艺术

## 悬疑奇案

# 古埃及金字塔之谜

在人类文明史上有一项伟大的奇迹，在世人眼中它的存在始终是一个谜，它就是金字塔。它闪烁着神奇的智慧光芒，屹立于古老的尼罗河畔数千年之久。但是有关它的起源却成为历代研究者争论的焦点，说法不一。

在中世纪，很多作家都认为，在埃及粮食充裕时期，金字塔是被用来储藏粮食的大仓库。近几年来，金字塔被人描述为日晷仪和日历、天文观测台、测量工具，甚至是与神秘的外星生命相联系的东西，人们把金字塔当作天外宇宙飞船的降落点。

### ◤◤ "金字塔是法老们的墓穴"说

大多数有名望的埃及学者都认为，金字塔是法老们的墓穴。这种观点得到了人们的广泛认同。在尼罗河西岸散建着金字塔，据埃及神话记载，这里联系着通向来世的路。有很多在葬礼仪式中使用的小船在金字塔周围被发现。据说，法老们便是乘坐这些船通往来世的。

许多金字塔中都有石棺或木棺，这早已被证实。19世纪之前，在石棺上或在石棺附近发现的神秘图画，被确定为用来帮助法老们从一个世界通往另一个世界的咒语。

## "金字塔是为巩固国家地位"说

但研究者们并未在金字塔中找到法老们的尸体，并且有些法老似乎不仅仅建了一座金字塔。

20世纪著名的物理学家库尔特·门德尔松坚持认为，法老们建造金字塔的目的是在到处是散落部落的时代巩固埃及的国家地位，而金字塔不是坟墓。门德尔松的理论使坟墓理论不能解释的问题得以解决。

还有一些人认为金字塔中没有尸体，却有大量的陪葬品，这说明金字塔是衣冠冢——死去的法老们的纪念碑，但不是他们真正的坟墓。

大部分埃及研究者始终认为，即使金字塔兼有其他功用，但终究是作为坟墓的功用才被建造。许多坟墓环绕在金字塔附近，墓主人的身份、地位应该位于法老之下。

## "金字塔是古代建筑进步的标志"说

另外，关于金字塔的一个折中的观点认为，金字塔可以被理解为古代建筑进步的标志之一。这种建筑从矩形、平顶、砖泥结构的坟墓开始，今天我们称之为古埃及墓室（里面曾经发现过尸体）。随后，建筑者将平顶结构垂直垒叠，于是便呈现了今天的"台阶式金字塔"建筑，那些最著名的金字塔至今仍矗立于撒哈拉地区的开罗南部。

几乎所有延续埃及文明的东西都关系到了死亡，死亡好像成了他们宗教、文学的限定力量。法老们建金字塔的目的不在今世而在来生，无论是借助于小船、台阶、还是阳光，成功才是唯一目的。于是，将金字塔建造成可以存放遗体的式样，即坟墓，这是至今相对最合理的推测。

不过，科学是永无止境的，历史在延续，人类的天性在于探索无限的未知世界，随着科学的发展，人类探索脚步的加快，金字塔之谜一定会真相大白。也许一个新的、不为人知的理论又摆在世人面前，也许会有一个又一个谜团被解开。

## 悬疑奇案

# 《汉谟拉比法典》之谜

《汉谟拉比法典》使汉谟拉比王留名后世。《汉谟拉比法典》的内容涉及经济、政治、军事、文化等各个方面，被人们认为是人类历史上第一部较为完备的成文法典，但是这部法典也给人们留下了众多谜团。

### 发现宝典

作为世界上最早的一部比较系统的法典——《汉谟拉比法典》，在历史上对它的传闻非常多，它究竟是一部怎样的法典呢，在历史中又经历了哪些磨难？

1901年12月，一支由法国人和伊朗人共同组成的考古队，在伊朗西南部一个名叫苏撒的古城旧址上发掘出3块黑色玄武石，考古队将3块玄武石拼在一起，恰好是一个椭圆柱形的石碑。这块石碑高2.25米，底部圆周1.9米，顶部圆周1.65米。石碑非常精美，上图下文。石碑上半段的精致浮雕上是古巴比伦人崇拜的太阳神沙马什，神端坐于宝座上，而古巴比伦国王汉谟拉比恭敬地站在他的面前。沙马什将象征着帝王权力的权杖授予了汉谟拉比。在石碑的下半段，刻着一部由汉谟拉比制定的法典，用楔形文字写成，其中有些文字已被磨光了。这就是著名的《汉谟拉比法典》。

### "古巴比伦之王"汉谟拉比

汉谟拉比是古代巴比伦王国的国王，也是古代著名的政治家。他继承王位之后，首先统一了全国，然后进行对外扩张，最终汉谟拉比统一了两河流域，建立了一个从波斯湾到地中海的中央集权制国家，并自称"巴比伦之王"。汉谟拉比所制定的《汉谟拉比法典》是古代最著名的法典之一。这部法典的内容涉及经济、政治、军事、文化等多个方面。在汉谟拉比逝世后，巴比伦王国便逐渐走向衰落，不久便灭亡了。

### 法典之谜

苏撒原来是一座5 000年前的古代都城。公元前3000年前，在今

天伊朗迪兹富尔西南的苏撒盆地中有一个强大的奴隶制王国，名叫埃兰（又译"依兰"）。古城苏撒就是埃兰王国的首都。在公元前1163年，埃兰人攻占了巴比伦，随后，就把刻有《汉谟拉比法典》的石柱作为战利品带回了苏撒。后来埃兰王国又被波斯所灭。

公元前6世纪，波斯帝国国王大流士镇压高墨达起义之后，又把波斯帝国的首都定在苏撒，刻有《汉谟拉比法典》的石柱便又落到了波斯人的手中。但至此以后，法典便神秘消失，再无人知晓它的踪迹了。几千年之后，这根刻有法典的石柱又被人们发掘出来，得以重见天日。但人们惊奇地发现，石柱的正面有部分文字已经被损坏。

根据传说，埃兰国王曾打算在石柱上刻上自己的功绩。然而，为什么石柱不仅没有刻上新字，反而被损坏了呢？《汉谟拉比法典》究竟经历了怎样的劫难呢？这一切至今还是一个谜。

## 悬疑奇案
# 古城消失之谜

1920 年，在印度河流域发现了一座古代印度大都市的遗迹——摩汉乔·达罗。在遗迹中心还有一个被当地人称作"玻璃化的市镇"的神秘地方，人们在那里有许多惊人的发现。

### 文明高度发达的古城

1920 年，在印度河流域发现了一座古代印度城市的遗迹——摩汉乔·达罗。据推测，这座城市建于 5 000 年前，人们在这座城市中发现了许多令人惊奇的现象。

摩汉乔·达罗遗迹的中心部分长约五千米。整座城市可分为西城和东城两部分。城市大得惊人，足以容纳 3 万人。

这里的居民房屋非常统一、齐整，且全部用砖块建成。而在古代印度文明中，只有王宫及圣殿才能用砖来建造。这里确实有别于其他文明。每户人家都设有非常完善的下水道设施，各家流出的污水，都先储于污水窖里，再从小路旁的排水沟排至大街上的下水道里。砖制的下水道上设有石盖，并用土掩埋上。除此之外，各处还设有定期清扫用的升降工作口。由此可以看出这座城市的文明程度已经很高了。

摩汉乔·达罗遗迹共由 7 层组合而成，但最上层和最下层的建造方式完全相同。因此，人们认为这一文明是以完整的形态，突然出现在印度平原上的。

### 突然降临的灾难

在摩汉乔·达罗遗迹里，还从遗迹上层发掘出了大量人骨。过去从古代遗迹中发掘出人骨是极为正常的，可是，在摩汉乔·达罗遗迹中发现的人骨却呈现

出了异常的死亡状态。这些人分明不是死后埋葬的，而是猝死在这些房间里的。

考古工作者在编号为74的房间中发现了14具遗骨，这些遗骨全部处于十分异样的状态，惨不忍睹。他们有的脸朝下，有的横躺，也有的用双手盖住脸表现出绝望，除此之外，还有的在痛苦地扭曲身体。

在当时并没有发生过足以在一夜间突然使全部居民丧命的流行病，也没有在遗体上发现遭受袭击的迹象。如果他们是集体自杀，为什么会在井边发现洗涤物品者的遗体呢？

对于这一问题，印度的考古学家卡哈博士做了十分细致的研究，并得出了这样的报告：

"我在9具白骨中，发现有几具白骨有被高温加热的痕迹，我很难相信这些白骨上高温加热的痕迹是遭突然袭击被杀后留下来的。"

高温加热留下的痕迹究竟是什么造成的？依常理判断，只存在一种可能性——火山爆发，但是印度河流域并没有火山存在。

## 远古核战争

那么，究竟是什么力量能产生异常的高温致使摩汉乔·达罗的居民猝死呢？

只有一种合理的解释，在远古时代，人类曾经历过核战争，因为在世界各地都流传着关于古代惊人的战争场面的神话与传说，而且在考古过程中考古学家们也注意到了颇多此类痕迹。如在以色列、伊拉克及撒哈拉沙漠中都发现了因高温而玻璃化的地层；在土耳其的卡巴德奇亚遗迹及阿尔及利亚的塔亚里遗迹中，也发现了因高温破坏而形成的奇石群；在西亚的欧库罗矿山中，还在铀矿石上发现了核子分裂连锁反应的痕迹。

据考证，印度平原便是神话传说中描述的发生核战争的地方。这并非揣测，因为在古印度的传说及叙事诗中都有相关的描述。如大型叙事诗《玛哈巴拉德》就是其中之一，诗中描绘了英雄亚斯瓦达曼向

敌人发射"连神都难以抵抗的亚格尼亚武器"时的情景：

"箭如雨般射向天空，一束箭簇如流星般耀眼，光芒包围了敌人。突然之间，敌军被笼罩在漆黑的夜幕之中，因此他们丧失了方向感。"

"太阳昏黄，大地烧成焦黑，散发出异常的热气。象群在火焰中四处逃匿。水被蒸发，水中的生物也被烧焦了。"

箭如急雨般从四面八方飞来，与迅疾的风一起飞落。敌人如中了魔法般纷纷倒下。巨象倒于周围，发出痛苦的悲鸣。为了寻找水源，被烧伤的象群四处逃窜，如发疯一般。

这惨烈的场面，真可与 1945 年 8 月的广岛、长崎原子弹爆炸相提并论了。

### 古城与核战争

那么，摩汉乔·达罗和古代的核战争又有什么关系呢？

这在印度的另外一篇叙事诗《拉玛亚那》里能够找到一些线索，该叙事诗中也有一段古代战争情景的描写，就像核爆炸一样，"那巨枪发射出令人畏惧的亮光，使 30 万大军在一瞬间被完全消灭"。应该注意的是，战争发生在一个被人称为"兰卡"的城市。城市四面的大门都被铁链锁着，各种武器置于门内，如巨石、箭、机械等，城墙是难以攀登的黄金城壁，后方的大沟中蓄满了冰水。

如果与地图对照，就可以发现这座城堡都市"兰卡"就位于印度河流域的某个地方。而摩汉乔·达罗遗迹正位于印度河边，当地人现在仍称它为"兰卡"。

印度新德里历史研究所所长罗伊曾十分肯定地说："这两大叙事诗虽然是用诗的形式写成的，但记述的大部分是实际发生过的事。诗中有许多关于星球及星座的记述，可用它们来推测事件发生的日期，我们也可用推测日期的方法来推测地点，那么《拉玛亚那》中的兰卡，就是摩汉乔·达罗。"

据罗伊所言，战争爆发于公元前 2030 年—公元前 1930 年间，据分析结果判断，摩汉乔·达罗的居住者的确在这一期间从此座城市中消失。

### 核战争的证据——"玻璃化的市镇"

1978 年，英国考古学家大卫·勃特和威恩·山迪前往摩汉乔·达罗实地考察，进一步寻找古代核战争的证据。由当地人那里获悉，距遗迹中心不远有一个被当地人称作"玻璃化的市镇"的神秘地方。那里到处是闪着绿色光泽的黑石。很明显，那是"托立尼提物质"。因为当世界第一颗原子弹在美国新墨西哥州的沙漠中试爆时，沙漠中的沙石就因爆炸的高热而熔化，凝固成了玻璃状物质，而摩汉乔·达罗中也到处散落着"托立尼提物质"。

矿山是在高热熔化又凝固后形成的，其中有一些壶的碎片、陶土制器物的碎片和砖块的碎片等等，都被扭曲成玻璃状。

当地人将"玻璃化的市镇"视为神圣之地，因此很难进行深入的调查。但是两位考古学家并没有因此而气馁，他们历尽艰辛，终于在"玻璃化的市镇"中挖掘了几个标本，并带回罗马火山学研究室进行研究，分析结果如下：

第一件标本——壶的碎片，是从外侧向内侧加热后，又急速冷却

形成的。即当时的温度至少在950℃—1 000℃。

第二个标本——"黑石"，是由石英、长石及玻璃所形成的矿物，这种矿物的熔解点大约是1 400℃—1 500℃。可是，从形成空洞孔的外观来看，可知这种"黑石"是在极高的温度和极短的时间内形成的。

如果在窑中或普通的火中，是不会产生那种在极短的时间内达到数千度高温，然后又急速冷却的效果的。

大卫·勃特在调查摩汉乔·达罗时，还发现了许多足以证明这座城市曾发生过强烈爆炸的证据，如一瞬间崩溃的砖制建造物的遗迹；因高热而烧毁的砖块；大量的灰烬等等。

由此，他相信摩汉乔·达罗是核战争的战场，核弹头曾在其上空引爆，其威力要大于在广岛爆炸的那颗原子弹。

"我们之所以认为这是原子弹爆炸的结果，是因为从我们现在的科学技术水平来看，唯一能在瞬间发出热波和冲击波的爆炸物只有核武器。"

不过，上述推测至今仍然无法获得进一步的证实，摩汉乔·达罗仍然有许多解不开的谜团。

究竟是哪两个敌对势力发动了这场古代核战争？他们又是如何研制出核武器的呢？是何人建造了摩汉乔·达罗？他们又为何销声匿迹？一切谜团，需要大家共同努力将其解开。

## 悬疑奇案

# 普里阿摩斯宝藏之谜

浩瀚的宇宙中，地球只是一颗微乎其微的小行星，但正是这样一颗小行星，却孕育了生命。人类利用大自然给予的丰富资源，创造出无尽的财富，这些财富也是人类文明的重要组成部分。

### "金苹果"引发的战争

金银珠宝本身具有极高的价值，所以它也就成了历朝历代的人们想要争夺的对象，而由此衍生的战争更是不计其数。

由于历史上金银始终充当等价交换物，因此对金银的占有量也就成为人们是否富有的标志。所以，当一批批财宝悄然失去踪影后，人们就会前仆后继地加入到寻宝、探宝的行动中，"人为财死，鸟为食亡"，这仿佛已经成了不变的法则。

在《伊利亚特》等古希腊诗篇中，流传着这样一个故事：古希腊英雄珀琉斯和海洋女神忒提斯在珀翁山举行婚礼，他们大宴宾客，请来了几乎所有天神，唯独遗漏了专司争吵的女神厄里斯。厄里斯非常生气，于是她悄悄地来到婚礼现场，并在婚宴上留下一个刻有"赏给最美者"字样的金苹果，以挑起纠纷。结果正如厄里斯所预谋的那样，天后赫拉、智慧女神雅典娜、爱与美之神阿弗洛狄忒都为了得到这个金苹果而争论不休。无奈，众神之父宙斯只有请特洛伊国王普里阿摩斯的儿子帕里斯做出最终裁决。帕里斯把金苹果判给了爱与美之神阿弗洛狄忒。而阿弗洛狄忒为表示感谢，就暗中帮助帕里斯得到了斯巴达国王墨涅拉俄斯的妻子美女海伦。墨涅拉俄斯失去了爱妻，非常生气，决定攻打特洛伊把海伦抢回来。于是，他调集 10 万大军，由其兄长阿伽门农担任统帅，渡海讨伐特洛伊，自此历时 10 年的特洛伊战争开始了。最后希腊人在英雄奥德修斯的帮助下，用木马计攻破了特洛伊城。他们进行疯狂的掠夺和血腥的屠杀，一座繁华的城市就这样毁于一旦。

### 宝藏的发现

岁月悠悠，沧海桑田。时间缓缓地流逝，世人也渐渐忘却了这些

历史传说。一直到近代，西方学者才开始致力于古希腊史的研究，但他们对《荷马史诗》中所描述的一切都嗤之以鼻，不屑一顾。他们认为那些不过是神话故事罢了，毫无历史根据。只有德国考古学家亨利·谢里曼（1822年—1890年）不这么想，他认为关于特洛伊战争的传说故事一定是真实存在的，他发誓有朝一日要使沉睡在地下数千年的普里阿摩斯王宫重见天日。抱着这样的梦想，谢里曼踏上了他的寻访之路。1870年他千里迢迢地来到东部沿海的特洛伊平原，寻找他为之魂牵梦萦数十载的古城堡遗址。功夫不负有心人，经过三年的勘测与寻找，谢里曼终于在一个名叫希拉立克丘的地方挖掘出了层层叠叠的古城遗址。其中倒数第二个古城，有着厚实的城墙和高耸的城门，城内有一处宅院，虽然到处是断垣残壁，但仍然能看出它昔日的辉煌，而且在城墙上也有大火焚烧的痕迹。看到这一切，谢里曼断定这就是他寻觅已久的特洛伊城，而那个宅院就是普里阿摩斯王宫。谢里曼深信《伊利亚特》史诗中所提到的普里阿摩斯宝库即将呈现在世人面前。但事与愿违，他挖空了一半古城，竟没有发现一块金子。谢里曼感到身心俱疲，准备放弃对希拉立克丘的挖掘。

1873年6月14日，谢里曼和雇工们来到希拉立克丘准备做最后一次努力。当他站在工地上巡视时，突然发现靠近普里阿摩斯王宫的环形墙附近，有一个形状很特别的器物，在那东西后面似乎有夺目的光芒在闪烁。谢里曼的心脏顿时狂跳不已，他意识到那很可能是金子。于是他借口今天是他的生日，将雇工提前解散了。雇工一走，谢里曼就迫不及待地扑向那件器物，扒开上边的灰烬一看，原来是一件铜制器具，可是在它上面压着一截约5.8米高的城墙，要将它挖出来是非常困难的。但谢里曼早已将安全置之度外了，他在城墙下面不停地挖着，直到可以把手伸进去了，于是一件又一件金银制品被他挖掘了出来。谢里曼和他的妻子把这些价值连城的宝贝装在一个大口袋里，拖回他们居住的木屋。回到家后，他们便开始仔细清点所挖出来的东西，其中有金制皇冠两顶，还有4 066个近似心形的金片、16尊神像、24条项链以及杯、瓶、耳饰、纽扣、针、棱柱等，总计8 700件各式金制物件。谢里曼认为这就是普里阿摩斯王宫的宝藏。

## 宝藏主人的猜测

可是，这些宝藏是怎么来到古城墙下的呢？谢里曼推断它们原来是装在一个木制箱子里的，因为这些财物被发现时呈长方体。关于这

一点，在宝藏附近发现的铜钥匙就是最好的证据。当时的情况可能是这样的，希腊人攻入特洛伊城后，到处烧杀抢掠，特洛伊人四处逃亡，王宫内有人匆忙地把一些财宝装进箱子，连钥匙都来不及拔下来就仓皇出逃了。但是当他走到城墙边时，也许遇上了大火，也许是敌人的追赶，迫使他不得不丢下箱子逃之夭夭，于是箱子就被倒塌的房屋和城墙覆盖了。但有人对这种假设表示怀疑，他们认为这些财宝原本就是藏在王宫楼上的箱子里的，后来由于大火烧毁了王宫，才导致宝箱落到了离城墙不远的地方，因为不久之后，就有人在离第一处宝藏不远的地方又发现了另一处宝藏。可事情并没有就此结束，后来在邻近王宫的墙脚下又找到了三处宝藏。因此，又出现了另一种说法，这可能是当年希腊人破城的时候，宫廷侍卫情急之中把国王的财宝装进几个大箱子，故意放到即将倒塌的城墙下面的。但具体情况究竟怎样，无人能说清楚。

　　但是，这些宝物在历史上又是为谁所有呢？

　　20世纪30年代，英国考古学家布列经研究后进一步指出，谢里曼发现的城堡是毁于地震而不是战争。既然这样，这个所谓的普里阿摩斯宝藏的主人到底是谁呢？而真正的普里阿摩斯宝藏又在何处呢？人们搜寻珍宝的行动仍在继续，这不仅仅是为了满足占有财宝的欲望，同样也是为了解读人类曾经辉煌的文明。

## 悬疑奇案

# "空中花园"的建造者之谜

古巴比伦的"空中花园"是世界古代七大奇迹之一，其神奇令人啧啧称叹。但是人们并未目睹过其壮观美景，因此不免让人产生怀疑，它是否真实地存在过？

### "空中花园"为尼布甲尼撒二世所建

传说巴比伦空中花园是新巴比伦国王尼布甲尼撒二世所建。因为他美丽的王妃赛米拉米斯常常思念她那山清水秀的故乡，加之她也不习惯于巴比伦炎热干燥的气候和单调的平原景色。所以，尼布甲尼撒二世下令在巴比伦城中建起立体式的空中花园，以博取王妃的欢心。

### "空中花园"为辛那赫瑞布所建

尼布甲尼撒二世建造空中花园的说法已让许多人产生质疑。他们否定了空中花园是在巴比伦时期由尼布甲尼撒二世建造的说法，而认为空中花园应该是在尼尼微城，建造者是比新巴比伦国王尼布甲尼撒二世早了 100 年的亚述国王辛那赫瑞布，此种说法从何而来呢？

"历史之父"希罗多德曾在书中对巴比伦的建筑艺术及装饰艺术进行过赞美，对金碧辉煌的宫殿、华美的神庙、浮雕都曾进行过详尽的描述，"巴比伦的美丽远远超过了世界上的任何城市"。但是对空中花园却只字未提。

同样也是罗马史学家的色诺芬在其著作中赞美了巴比伦城墙的雄伟壮观，但对空中花园却也是只字不提。难道根本就不存在这样一座建筑？

而且，人们至今没有找到有关尼布甲尼撒二世建造空中花园的记载，不过在有关亚述国王辛那赫瑞布的许多文献记载中，却不只一次地提到他在尼尼微城中建有一座美丽的花园，并引城外的河水入城中浇灌花木。而辛那赫瑞布的后代也常常提及，他们常在尼尼微这个人

造山形花园中以捕杀从笼子里放到园中的狮子和野驴为乐。

在尼布甲尼撒二世去世后的 23 年，波斯人强占新巴比伦，同时将幼发拉底河改道，使其远离巴比伦。依照常理，缺水肯定会使巴比伦的空中花园花木枯萎，不可能葱郁百年。可是在尼尼微的浮雕却表明，亚述人不仅采用"水泵"抽水浇灌人造花园，还用水槽将山泉引入园中。即使无人灌溉，花园依然可以苍翠如初。

以上两种说法都言之有理，证据确凿，如此看来，今天的人们不但看不到空中花园的美丽"倩影"，就连它曾经是否存在也成为一个千古之谜。

## 悬疑奇案

# 玛雅文明高度发达之谜

　　玛雅人以其聪明的才智创造了灿烂的玛雅文明。1576 年，西班牙王室使者迭戈·加西亚在中美洲的丛林中发现了"沉睡"了数个世纪之久的玛雅文明，至此，神秘的玛雅文明终于浮出水面。

　　公元前 1000 年，玛雅人在危地马拉、洪都拉斯、墨西哥等地过着安定的农业生活，从此，玛雅文明开始形成。

### 神秘的玛雅文明

　　根据传统的年表，玛雅文明史可划分为三个阶段：（一）前古典时期，约从公元前 1500 年—公元 317 年；（二）古典时期，从公元 317 年—公元 889 年；（三）后古典时期，从公元 889 年—1697 年。至此，最后一批有组织的玛雅人被西班牙人征服。在不同的时期，玛雅文明呈现出不同的特征。

　　最早的玛雅历法出现于前古典时期。在制作陶器、石雕等方面，南部玛雅人较为见长，而中部玛雅人则擅长建造房基，修建一些有拱顶并添加了灰浆的毛石工程，同时筑有一座座初期的古碑。而北方的玛雅人既能够制作简单的原始陶制品，还建造了大型的宗教设施。

　　大约在公元元年前后，玛雅人独立地创造了象形文字。玛雅人以石碑做年鉴，每 20 年立一块石碑，以记载发生的重大事件。令人遗憾的是，现得以幸存下来并被公认的内容只有三本，即《玛雅三抄本》。

　　此外，通晓天文学的玛雅人可以精确地预测日食和月食发生的具体时间，并计算出了金星公转的周期，计算结果和当时的中国与欧洲相比更为精确。他们还制定了太阳

历，将一年分为18个月，每月20天，外加5天的1个月，共19个月计365天，计算时间的准确度超过了当时世界上通用的格列历。玛雅人在数学上也成就斐然。早在公元前3000年，玛雅人就发现和使用了零这个数字，比世界上其他民族要早800年。

早在古典时期，贸易交换就在南方玛雅人中产生并日益繁荣，在后期，北方地区之外的大部分地区都出现了文化衰退现象。中部地区出现了彩陶、石雕、精致的毛石工程，尖顶石碑雕刻及特佩乌陶器。

在建筑、雕刻和绘画上，玛雅人更是堪称一绝。雄伟壮阔的宫殿可与欧洲最大的宫殿媲美，无与伦比的石砌金字塔、太阳庙可与埃及金字塔一决高下，那些嵌于建筑物上的巨型石雕更是出神入化，美妙绝伦。

在后古典时期，南方玛雅人被托尔特克人征服。这里的玛雅文明出现了陶制塑像，在山岗顶上建有防御工事。后来，北方玛雅人也被托尔特克人征服，并在奇琴伊察形成了一个巨大的统治中心，人们崇拜库库尔坎——长羽毛的蛇神。玛雅人将奇琴伊察遗弃后迁都玛雅潘。

## 玛雅文明神秘消失之谜

公元10世纪末，玛雅人抛弃了自己辛勤建造起来的繁华城市，躲进了深山老林，他们这种背弃文明、回归蒙昧的做法是出于自愿，还是另有原因呢？

史学界对此猜测不已。有的说他们可能是受到外族侵犯，有的说他们可能受到气候骤变、地震等自然灾害的影响，因而大规模地集体迁移。可是这些假设和猜测都不具有说服力。

## 悬疑奇案

# "龙骨"的秘密

甲骨文也叫"契文""卜辞""龟甲文字""殷墟文字"等，是商周时代刻在龟甲兽骨上的文字。但甲骨文出土之初，人们并不知道它的史学价值，而是把它当成了治病的"龙骨"。

### "龙骨"的发现

1899年，北京有一位医师，为一个患上疟疾的患者开了几种药。病人的亲属王懿荣，碰巧是位研究古代文字的专家。他发现药方中一种名为"龙骨"的药物，并不是什么骨头，而是变黄的龟甲，并且龟甲上面还有很多划痕。

王懿荣十分好奇，拿起甲骨仔细观察划痕，竟然出乎意料地发现那些划痕似乎像是某种文字。王懿荣深信那是约三千四百年前的商朝遗物。甲骨文的发现与解读使商朝由传奇变成现实。商代的人从此被看作中国文字的创始者。

王懿荣的发现，激起了其他学者和古董收藏家搜寻有铭刻的"龙骨"的兴趣。通过20世纪初期出土的大量器物碎片，人们了解到商代龟甲兽骨上的裂纹不是意外所致，而是有意以高热烘烤造成的。商朝人认为，裂纹的形状和位置可以预示吉凶，因此在裂纹四周的文字，既记载所占之卜，同时也录下了卜骨的答案。

### "龙骨"的出处

在王懿荣的初步探索之后，仍然有一个重要的问题尚未解答，商朝人居于何地？商代的城市中心究竟在什么地方？

安阳地区不仅发掘出大量甲骨，同时还发现了商代都城遗址。而在华北其他地方，也发现了许多有关商代的证据——一个曾被视为"神话般的"社会，现在终于"重获新生"了。这些珍贵的出土文物不仅具有巨大的史料价值，还为我们研究古代文明给予了极其重要的帮助。

## 悬疑奇案
# 亚历山大灯塔之谜

据记载，亚历山大灯塔在古时已经与埃及、希腊、巴比伦的六座建筑并称为"古代世界七大奇迹"，而今天人们却再也找不到它了。历史典籍中描绘的那座高耸入云的灯塔仅仅是美丽的传说，还是确实存在呢？

### 神奇的灯塔

始建于两千多年前的亚历山大灯塔的名气远远超过了金字塔，当时的人们一提到埃及，首先想到的是亚历山大城雄伟而神奇的灯塔，而不是被称为"法老的陵墓"的金字塔。但是，如今人们怎么也找不到亚历山大城的遗址，那座灯塔也消失于历史的长河中。也许历史会给我们一个答案。

亚历山大城是埃及的历史名城，曾与罗马、君士坦丁堡并称为世界三大城市。公元前332年，马其顿帝国国王亚历山大统治埃及时期设计修建了这座城市。处于地中海地震带上的亚历山大城，曾经多次遭受地震之灾，最近的一次发生在14世纪。历经多次地震后，这个城市几乎毁灭。

亚历山大的帝国早已湮没在历史的尘埃中，但这位马其顿皇帝占领埃及后建造并钦定为埃及首都的亚历山大城，在此后却发生了许多战争和故事，留下了不少的遗迹和传说……

亚历山大海港曾是地中海沿岸最大最繁华的港口，这些在古希腊的典籍中都有记载，而今天人们却找不到这个港口的痕迹了。人们开始怀疑，历史典籍中所描绘的那座高耸入云的灯塔也许只是一个美丽的传说。

### 亚历山大灯塔的由来和逝去

亚历山大灯塔的由来与当时亚历山大城的贸易活动有关。频繁的贸易往来，各国商船云集大港，迫切需要有一座灯塔，来指引船只夜间进出。于是，标志着古埃及人聪明才智的世界伟大奇迹——亚历山

大灯塔，便应运而生了。

有关这个灯塔的来由，还有一个美丽的传说：公元前280年，一个月黑风高的秋夜，驶入亚历山大港的皇家接亲船不幸触礁遇难，船上人员无一生还。

这个震动埃及朝野的悲剧，使埃及国王托勒密二世下令在亚历山大城最大的港口入口处修建导航灯塔。经过建设者的艰苦努力，一座雄伟壮观的灯塔屹立在法罗斯岛的东端岛岸上一块为巨浪所冲刷的礁石上。它就是亚历山大法罗斯灯塔，简称"亚历山大灯塔"。

灯塔的实际位置大约在亚历山大城海滨外1 000米处的法罗斯岛上，灯塔也因此有"法罗斯"一名。此后西方各国的"灯塔"一词，均用"法罗斯"（haros）音。例如英语的"Pharos"，法语的"Pharos"，意大利语和西班牙语的"faro"等皆发此音。但是灯塔的实际位置是在距该岛约17米的礁石上，并非在岛上。灯塔在风雨中屹立了千年之久，其上的火炬焰火经年不熄。

这座巨型灯塔屹立了一千多年之久才被地震所毁。从公元前281年建成点燃起，直到公元641年阿拉伯伊斯兰大军征服埃及，火焰才熄灭。灯塔的火焰燃烧了近一千年，这在人类历史上的灯塔中是独一无二的。

## 曾经雄伟壮观的灯塔

公元前2世纪罗马哲学家安蒂培特的著作中，曾记载过有关灯塔的情况。该灯塔已经与当时的埃及、希腊、巴比伦的六座建筑并称为"古代世界七大奇迹"。后人对灯塔也有进一步的描述，还画出精细的灯塔图样。

雄伟的灯塔实际上建于公元前281年托勒密王朝的鼎盛时期。灯塔由古希腊著名的建筑师索斯特拉特设计。塔身用白色大理石砌筑，石缝之间用熔化的铅水弥合。塔柱、塔基为花岗岩石料，并用玻璃片充填。因为当时的科学家和建筑学家一致认定玻璃的耐腐蚀性。

灯塔十分庞大，占地总面积930平方米，高度达到135米，相当于现代40层的高楼，高出日本现在的横滨港灯塔达28米，与埃及的吉萨大金字塔相差无几。灯塔共分三部分：一层塔基，向上缩减的塔身，一个塔尖。灯塔内设300间厅室，供管理人员和卫兵居住。灯塔宛若一座现代摩天大厦。

塔身之上是一个圆形塔顶，塔顶内的导航室中有一个巨大的火炬

不分昼夜地冒着火焰。据传，火炬除本身的火焰光芒外，还设有一个凹面盆形镜，反射出的耀眼的光芒，使60千米以外的航船都能遥望到灯塔的方位，从而使航船不会迷失方向，顺利驶向亚历山大港。灯塔的塔顶之上铸着一尊高约七米的海神波塞冬的青铜立像，为这座建筑增添了神话与艺术的风采。

灯塔不仅外部造型考究，连内部结构也非常严密。塔基宽阔结实，里面有螺旋式通路直达塔顶。塔中层到上层的一段通路还设有台阶，正中间还有运送物品的升降装置。塔内的多个窗口，使得灯塔更具有独特的艺术气息。

关于亚历山大灯塔的命运，后人的说法虽不统一，但最终都一致同意了"地震毁坏了灯塔"这一说法。公元700年，亚历山大城发生地震，灯室和立像塌毁。公元880年，灯塔修复。1100年，灯塔再次遭到强烈地震的摧毁，仅残存下面一部分，灯塔失去了往日的作用，成为了一座瞭望台。后来，人们在台上修建了一座清真寺。

1302年的时候，这里曾经发生了一场大地震。整个城市毁于一旦，灯塔也没有逃脱破损的命运，但灯塔的塔基仍然存在。然而1375年又一次更为猛烈的地震后，全塔毁坏，残存的塔基也倾覆于大海之中，灯塔终于不复存在。随着地层沉陷，法罗斯岛连同附近海岸地区也慢慢沉入海底，千古奇观从此烟消云散，一点遗迹都未留下。

因为没有真实遗迹保存下来，所以历史学家、考古学家不敢妄下结论，只有尽力寻找能证明灯塔确实存在过的证据。

1978年—1979年，埃及考古队借助遥感技术和全球定位技术等现代科技手段，在埃及北部地中海港口城市亚历山大附近海底，终于发现了古代亚历山大海港的遗址。考古队在当地年迈巫师的帮助下，在海港的水下找到灯塔的遗址。还发现了一枚镶嵌着宝石的戒指，这可谓是埃及现代考古史上的一大发现。

今日亚历山大海港又立有一座新灯塔，但比古灯塔大为逊色。1892年由避暑行宫改建的希腊罗马博物馆，收藏着亚历山大城零散的文物，展示着亚历山大城饱经沧桑的悠久历史。

如今，一座1480年建成的城堡就坐落在古时灯塔的遗址上。城堡周围还散落着灯塔原来的巨石。而灯塔曾经的历史，早已消逝于茫茫的大海中。

## 悬疑奇案

# 古印加帝国黄金藏匿地之谜

　　古老的印加帝国是黄金的国度。这个崇拜太阳神的部落留给人们太多关于黄金的传说，古往今来，吸引了无数寻宝人的目光和探索者的脚步，谜底尚未揭开，一切皆有可能。

　　早在 15 世纪中期，在秘鲁的利马附近有一个土著印第安部落，他们采取兼并邻近部落的方式建成了一个奴隶制国家——印加帝国。传说，印加人对太阳神极其崇拜，因为黄金发出的光芒同太阳的光辉一样耀眼，于是他们特别钟爱黄金，想方设法积攒黄金。印加帝国的黄金建筑、饰品等数不胜数。国内所有的宫殿和神庙都用大量的黄金建造，大部分印加人都佩戴黄金饰品并收藏黄金。

### 贪婪的殖民者

　　有关印加帝国黄金的传说，在当时勾起了一些殖民主义者的占有欲望。

　　1525 年 1 月，西班牙殖民者弗朗西斯科·皮萨罗率领西班牙殖民军，开始入侵印加帝国，一心想把印加帝国的巨额黄金掠为己有。1532 年，皮萨罗率军攻占了印加帝国的卡哈马卡城后，用计让印加帝国的皇帝阿塔瓦尔帕交出 40 万千克黄金来赎身。阿塔瓦尔帕被迫答应了皮萨罗的要求，于是下令要国民向皮萨罗交纳黄金。但是，当印加人忙着往卡哈马卡城送交黄金的时候，阴险恶毒的皮萨罗开始贪心起来，他忽然反悔，出其不意地以谋反之罪处决了皇帝阿塔瓦尔帕。

　　皮萨罗处决了印加皇帝后不久，他便率兵攻进了印加帝国的首都库斯科城。他满心以为，这下可以把印加人历来聚敛的

黄金全部劫掠到自己的手中了。但事与愿违，皮萨罗率军占领库斯科城之后，到处搜寻黄金，他们费了九牛二虎之力，虽然也看到了一些用黄金装饰的庙宇和宫殿，而且在库斯科城近郊的一个洞穴里也发现了一些黄金器皿和一些金子做成的螃蟹、蛇、鸟等珍贵的物品，但就是没有找到传说中那么多黄金。

皮萨罗非常生气，发誓一定要找到黄金。

有一天，皮萨罗听一个印加人来报告说，在印加国内的维拉贡加镇附近有一个洞穴，那里藏着皇帝弟弟阿斯卡敛集的大量黄金。皮萨罗非常兴奋，随即集合军队，做好前往维拉贡加镇的准备。但是，就在一切都准备就绪之时，那个前来报告的印加人却离奇地失踪了。于是，派兵寻觅洞穴之事也只好作罢。

1533年前后，皮萨罗不知从哪里得到一个消息说，印加帝国的大量黄金在阿塔瓦尔帕皇帝遭到杀害后，被一部分印加人偷偷地运到印加帝国的"圣地"——的的喀喀湖中隐藏起来了。很久以来，土著印第安人便在湖的附近生活。传说，印加人携带大量的黄金和财宝迁往的的喀喀湖后，随后便乘小筏子划向湖心。划过一段距离之后，他们把所有的宝物都掷进了湖中。皮萨罗获悉后，于1533年12月，派遣部下迭戈·德尔圭罗与佩德罗马丁内斯去往的的喀喀湖寻宝。但是，他们在湖中搜寻了七八年的时间，直至皮萨罗被暗杀而亡，也未能找到湖中的黄金。

皮萨罗寻找黄金接连遭受挫折，这就使得原来关于印加帝国藏有

大量黄金的传说变得更加玄虚起来。当时有不少人开始怀疑传说是无中生有，但是也有不少人，特别是一些西班牙殖民者对传说却是深信不疑。

在皮萨罗之后，一些西班牙殖民者了解到位于印加帝国首都库斯科城北面两千米处有一个名叫萨克萨伊瓦曼的要塞，那里的地道是印加人传统的藏宝之地。他们估计印加人那些黄金也许就藏匿于此，因此，他们反复前往萨克萨伊瓦曼探宝。萨克萨伊瓦曼要塞建在一个山坡上，共有三道用巨石砌成的墙围着，每道墙高 18 米。要塞一共有21 个堡垒和瞭望台，在山腰较高的一座平台上有一块坚硬的巨石，它是历代印加皇帝检阅印加部队时的宝座。在要塞中有很多建筑，如太阳神庙、竞技场、王室浴室等。要塞中央矗立着一座建筑，如圆塔一般。所有建筑综合起来使得要塞如同迷宫一般，非常复杂，正缘于此，才使得西班牙殖民者的侵略频频受挫。在要塞中费尽心力，也无法找到隐秘的入口。

西班牙殖民者在萨克萨伊瓦曼要塞一无所获之后又听人说：印加帝国的大量黄金和珍宝，也许隐藏在安第斯山脉中一个叫作马丘比丘的神秘城堡中。于是，他们又转而找起马丘比丘来。西班牙殖民者在安第斯山脉的群峰密林中出没，但是，一直寻觅了好久，也没能找到马丘比丘城堡的踪影。

## 大量珍宝杳无踪影

1911 年，有一位美国耶鲁大学专门研究拉丁美洲史的学者，名为海勒姆·宾罕姆，前往安第斯山脉进行考察。他行遍深山密林的每一个角落，终于找到了马丘比丘遗址。之后，他对此处遗址进行了反复细致的勘察。他发现此地地势险要，常年云雾笼罩，非常隐蔽。城堡内的一个祭台，竟然是用一块一百多吨重的花岗石板筑起来的。还有许多用花岗石砌成的房屋，整个城堡充满着扑朔迷离的情景。海勒姆在古城废墟中夜以继日地工作，然而，他始终未能寻找到印加人的大量财富，不免有些遗憾。

继海勒姆之后，又有世界各国的许多科学家曾经去马丘比丘考察。但是，他们似乎并不比海勒姆幸运。他们使用的手段虽然各不相同，付出的劳动代价也大小不一，但是结果却是一样：没有人在此寻觅到一丝线索，因此他们对这座古老的城堡依然一无所知。至于这里是否真的藏有印加帝国的大量黄金，那更是一个谜中之谜了。

## 悬疑奇案

# 吴哥窟湮没之谜

在15世纪上半叶，吴哥王朝被迫迁都金边，曾经繁华昌盛的吴哥城，如今已杂草丛生，逐渐被茂密的热带森林湮没。这座神秘的古城遗留下了一系列的问号和悬案，有待后人去探索研究。

吴哥窟是一个隐藏在密林中的神秘建筑。在其中生活着的人竟然会突然人间蒸发，怎么会发生这种事呢？

### 神秘的吴哥古城

早在1861年，法国生物学家亨利·墨奥特来到法国领地印度支那半岛（即中南半岛）的高棉，寻找珍奇蝴蝶的标本。深入高棉内地之后，他雇用四名当地土著人充当随从，开始进入一大片阴暗的丛林区。猛然间五座石塔展现于他们面前，特别是中间那座最为雄伟。塔尖映在夕阳里闪闪发光。墨奥特惊叫着奔向前去，迫不及待地一览这座埋藏在丛林中的古城。这就是闻名世界的吴哥窟，古名"禄兀"。

吴哥窟占地面积广阔，东西长1 040米、南北长820米，堪称一座雄伟庄严的城市。几百座设计独特的宝塔高高地矗立着，周围用于灌溉的沟渠宽200米，如护城河般守护着吴哥窟。建筑物上还刻有许多仙女、大象及其他浮雕，尤以172个人的"首级像"最为壮观雄

伟。在这座古窟中有寺庙、宫殿、图书馆、浴场、纪念塔及回廊，表示当年在此兴建都市的民族必定是个文化较发达并且有着高超建筑技术的民族。

大吴哥位于吴哥窟的北部，是闍耶跋摩七世统治时期建造的都

城。吴哥城规模非常宏伟壮观，护城河环绕在周围。城内有各式各样精美的宝塔寺院和庙宇。吴哥城的中心是巴扬庙，在它的周围有象征着当时16个省的16座中塔和几十座小塔，它们一起构成了整齐巧妙的阶梯式建筑群。

大约在12世纪上半叶，全盛时期的吴哥王朝建造了吴哥古城，在当时，高棉国王苏利耶跋摩二世信仰婆罗门教，为祭祀"保护之神"毗湿奴，于是建造了世界闻名的吴哥窟寺（又称小吴哥）。吴哥古城独特的魅力吸引了全世界人民的目光，它与埃及金字塔、中国长城、印度尼西亚的婆罗浮屠并称为"东方四大奇观"。

重新展现在世人面前的吴哥古迹，具有神奇而永恒的魅力，使得世人为之倾倒、赞服，同时又使人们产生了无穷的遐想和诸多疑问。至今为止关于柬埔寨中古时代的史料极其缺乏，因此这些疑问也就成了千古之谜。

据说在1431年，暹罗人攻陷吴哥窟仅用了7个月的时间，他们掠夺大批的战利品后扬长而去。然而第二年暹罗人再次侵略之时，此处已成了一座"无人城"，空旷死寂，无一丝生气。

## 吴哥古城的众多疑点

这座空无一人的古城让人们产生了诸多不解：疑点之一，究竟是何人建造了美妙绝伦的吴哥古城？古城的每一块石头都是精雕细琢，遍布浮雕壁画，其技巧之娴熟、精湛，想象力之丰富、惊人，令人难以置信，以至于长时间流传着吴哥古迹是天神的作品，不可能出自凡人之手的传说。这些垒砌的建筑，竟没有使用黏合剂之类的物品，仅

靠石块本身的重量和形状紧密相接。时至今日，吴哥古迹的大部分建筑虽历经沧桑，却仍岿然不动，向人们展现了柬埔寨人民的高超的艺术才能和过人的智慧。

疑点之二，研究者通过对吴哥城的规模进行估计，在这座古城最繁荣的时候，至少有100万居民在此生活。然而究竟为何如此繁荣昌盛的城市会湮没在丛林中呢？它的居民为什么都不见了呢？有人猜测，流行瘟疫或霍乱之类的疾病，致使他们在极短时间内迅速地相继死去。侥幸活下来的人便将死去的人焚化以避免疾病流行，然后便怀着哀伤的心情远走他乡；同时也有人猜测，也许是外来的敌人侵占这座城市后，将城里的所有居民赶到某一地方去做奴隶了；又或者是国内发生了一场大规模的内乱，国民互相残杀，所有人都被杀戮。但这种说法很难令人相信，因为人们在这里并未发现一具尸骨，这实在太不可思议了。

最近，有人干脆得出了一个令人瞠目结舌的结论：吴哥窟的居民们全部"移民"到其他星球上去了，他们在那里过着更加文明的生活！然而实情究竟如何则仍是个谜。

疑点之三，放弃吴哥城在柬埔寨历史上是具有重要转折意义的，这是强大的吴哥王朝瓦解的标志。既然如此，到底是何种原因造成古城被湮没了呢？中国有一些学者认为此种结局与暹罗人的不断入侵有关，这使得高棉人做出了撤离吴哥城的最终决定。自从暹罗人不断强大之后，高棉人蒙受了深重的灾难和巨大的损失。日益衰竭的国力使得高棉人无法应付暹罗人的挑战，只得采取回避的方式。著名学者沃尔特斯博士也有类似的看法。然而他认为，吴哥王朝的衰弱和抵抗力的丧失，并不完全是暹罗人所造成的，主因应该是由于高棉王族之间内部矛盾斗争的发展。这时，暹罗人入侵，从而导致了吴哥王朝有了放弃古城之举。

## 悬疑奇案

# 阿兹特克帝国灭亡预言之谜

　　古印第安人的一支——阿兹特克人勇猛善战。他们于 15 世纪建立了幅员辽阔的帝国，定都于泰诺克蒂兰城，也就是今天的墨西哥城。而阿兹特克帝国却在太阳神的预言中灭亡于 16 世纪初期。

　　阿兹特克文明起源于墨西哥。古代的印第安人在这里创造了辉煌的文明，并掌握了冶炼、造纸等技术，发明了象形文字及历法，修建了金字塔及庞大的都城。16 世纪初，西班牙殖民者入侵，致使该地经济、文化破坏殆尽。

　　1790 年，在墨西哥城的扎卡罗广场挖掘出土一件雕刻精致的石盘，它是阿兹特克文明最具影响力的遗物之一。石盘厚达 1.22 米，直径 3.66 米，足有 24 吨重。在石盘中心的周围有几个小区间，其中有些代表着阿兹特克人使用的月份，一个月仅有 20 天。于是，在其出土后不久人们便将其称作阿兹特克历石。但是后来的研究发现：它不只是一块历石，石盘上的种种图案和雕像原来是阿兹特克人关于世界命运的指南图，它不但讲述了这个世界的过去，还指出了世界毁灭的时间。因此，这个石盘也被人们称为太阳神的预言。

　　阿兹特克人认为世界总共要经历五个时代，他们所处的是最后一个时代，也就是第五时代。在这之前地球曾经被创造和毁灭过四次。在公元986年众神创造了第五时代。在石盘中心有一张伸出舌头的人面。从人面分散出来的四个小区间分别代表着已经灭亡的四个时代，它们分别被美洲虎、飓风、大火和暴雨

所毁灭，阿兹特克人认为第五时代将在一个叫作"四运动"的宗教日灭亡，然而在1519年科尔特斯的到来致使世界末日的降临比预言的时间提前了许多。

## 预言中的灾难降临了

在1519年2月，科尔特斯受命率领一支远征军为西班牙王国寻找新的奴隶和财富来源，他们首先沿尤卡坦海岸搜寻，随后向西航行，终于到达了墨西哥海岸。科尔特斯把他们登陆的地方命名为"维拉克鲁兹"，意思是"耶稣基督的富贵乡"。阿兹特克的摩台克祖玛二世派遣了多批使节给西班牙人送去了许多礼品，其中有王室工匠依照神的装束制成的神服，然后又送去了大量的黄金，这才使令西班牙人真正动心。然而阿兹特克人送去的黄金使西班牙人更加贪婪。

摩台克祖玛二世始终在恐惧地等待着东方的一位强人到来。传说在很久以前，昆兹奥考特克乘着由毒蛇缠绕而成的筏子离开墨西哥，去了遥远的东方，临行前他宣告终究有一天他会重返墨西哥执掌大权。他预言将在阿兹特克历法中"一支芦苇之年"回来——也是阿兹特克人命运多舛，正是在这一年，科尔特斯等人到来了。

得知西班牙人的船队在海岸游弋时，摩台克祖玛二世便认定这就是昆兹奥考特克及其乘坐的巨大的蛇筏。这位国王忧心忡忡，异常恐惧，担心自己的末日就要来临。在那个古老预言的困扰之下，他最终决定让出王位。之前一系列的不祥征兆使他坚信阿兹特克帝国注定要在他的手中遭受灭顶之灾，他甚至有点渴望那命中注定的灾祸早日降临，免得他成天担惊受怕。国王的担心使他的臣民们也同样惴惴

不安。

阿兹特克人想尽办法阻止西班牙人接近他们的首都，他们源源不断地送去贡品讨好科尔特斯，恳求他返回海滨，并且不断地念咒语企图阻止西班牙人的脚步。然而这一切都无济于事，摩台克祖玛二世变得惊慌失措，并试图逃跑，但是阿兹特克祭司们在途中截住国王，并迫使他返回宫中。由于他太害怕了，以至于在亡国之灾尚未到来之前他就满面泪痕地发表了告别演说。

在1519年11月的一天，科尔特斯骑着高头大马远远地便望见了那座他已觊觎多时的城市。在距城门不远处，西班牙人的队伍停了下来，准备接受王室仪仗队的欢迎。在一星期之后，阴险狡诈的科尔特斯兵不血刃地发动了一场政变——他们用计将皇帝软禁起来，之后摩台克祖玛二世就成了一个傀儡，替科尔特斯发号施令。此时，野心极度膨胀的科尔特斯满脑子都是谋权篡位和传播基督教的念头，并不遗余力地在城内掠夺黄金，阿兹特克的都城泰诺克蒂兰城陷入一片动乱之中。科尔特斯曾想极力安抚那些惊慌愤怒的市民，但终究无能为力。他将摩台克祖玛二世带到他的臣民面前，让他向阿兹特克人保证西班牙人一定会离开墨西哥，可是愤怒的人群却向科尔特斯不断地扔石块。摩台克祖玛二世就这样在混乱之中毙命。

愤怒的帝国军队怀着为皇帝报仇的念头将西班牙人团团围住，在人数上他们占有绝对优势，西班牙人势单力薄，根本不是他们的对手。在1520年6月30日夜晚，西班牙人损失了约八百名士兵，这个夜晚后来被他们称为"悲痛之夜"，西班牙人仓皇逃窜到特莱克斯卡拉部落，阿兹特克军队由水陆两路分兵追杀。

阿兹特克人成功地赶走了科尔特斯，然而胜利只是暂时的，10个月之后，科尔特斯卷土重来，这次他的麾下不仅有西班牙人，还有敌视阿兹特克的特莱克斯卡拉族武士。科尔特斯决心要彻底毁灭这个印第安帝国。杀尽城中的暴民，虽然这是全世界最华美、最壮丽的都市。

### 预言成真——阿兹特克帝国覆灭

当西班牙人和一些敌对部落的联合军队进攻时，阿兹特克人惨遭失败。他们的武士身披用于恐吓敌人的漂亮的美洲豹皮，头上插着色彩鲜艳的羽毛；他们手中的武器是闪闪发亮的梭枪和绑在木棒上的黑曜岩石片。这一切在抵挡西班牙先进武器的进攻时发挥的作用，并不

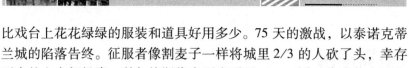
比戏台上花花绿绿的服装和道具好用多少。75天的激战，以泰诺克蒂兰城的陷落告终。征服者像割麦子一样将城里2/3的人砍了头，幸存下来的人全部投降。科尔特斯代表西班牙国王——同时代表他自己宣布泰诺克蒂兰城归他所有。整个阿兹特克帝国的臣民都必须效忠于他。

就这样，一个充满生机的印第安文明在尚未完全发展成熟之前，异族的暴力就将其彻底毁灭了。当杀死了最后一个抵抗者之后，科尔特斯让他的士兵随心所欲地破坏这座城市。于是，神像和城墙被推倒，房屋被纵火焚毁。在熊熊燃烧的大火和滚滚浓烟中，高大宏伟的庙堂轰然倒地。当西班牙的士兵们暴笑着劫掠时，整个城市在"流泪"，如此野蛮的行径持续了很长时间。战乱使饥饿与来自西班牙人的传染病蔓延于印第安人中间，因为对于天花等来自欧洲的恶性传染病缺少免疫力，大批印第安人死去。

泰诺克蒂兰和她的姊妹城特奥蒂瓦坎都变成了西班牙人建设墨西哥城的采石场，他们把那些巨石凿成小块用作房屋的地基、桥梁的拱底和其他各种垫底的石头。在泰诺克蒂兰有一些纵横交错的水道，使人们的出行获得极大的便利，其规模之巨大，连水城威尼斯也会自愧弗如，西班牙人用碎石将水道填平，随之又抽干了泰兹库湖的湖水，将肥沃的耕地破坏掉了。

与此同时，西班牙传教士对所有的异教言行进行了残酷镇压，并采用各种手段来破坏所有阿兹特克文明的载体，书籍、神像和宫殿都被彻底地毁掉了。当年繁华的帝国首都只剩下一堆堆断壁残垣。他们又在当年大寺庙的废墟上建起了西班牙风格的殖民建筑和国家博物馆。曾为千万阿兹特克人景仰的宗教圣地被彻底变成了西班牙殖民文化的传播中心，古老的泰诺克蒂兰城被重建成了我们今天所见的墨西哥城。

获胜的西班牙人在泰诺克蒂兰城中破败的街道上打扫战场，到处弥漫着难闻的味道，先知先觉的"太阳之石"静静地躺在这个岛屿城市的地下。那些可怕的预言被证实了，阿兹特克帝国已经不复存在。

许多人都对太阳神的预言产生了疑问，这个预示未来的石盘究竟制于何时？假如没有西班牙者的入侵，阿兹特克帝国也一样会灭亡吗？而且真的会是毁灭于宗教吗？太阳神的预言又是谁提出的呢？这一切谜团都还有待人们进一步研究。

## 悬疑奇案
# 《蒙娜丽莎》之谜

几百年来，世人对《蒙娜丽莎》有着不同的见解，而丹·布朗的《达·芬奇密码》更引发了人们对这幅传世名画无限的猜测。那么，这幅画的背后到底隐藏着怎样的秘密呢？

### 《蒙娜丽莎》之谜

五百多年以来，人们一直认为《蒙娜丽莎》的微笑很神秘。对此，人们看法不一，甚至同一个人在不同的时间观看的感觉也不相同。她的微笑有时让人感觉温柔舒畅，有时庄重严肃，有时哀伤难过，有时讥嘲揶揄。光线的变化也使画面时常变幻，在《蒙娜丽莎》的脸上，阴影时隐时现，使双眼和唇都呈现出神秘之美。

达·芬奇把《蒙娜丽莎》的眼角和嘴角画得若隐若现，没有明确的界线，因而产生了让人捉摸不定的"神秘的微笑"的效果。

哈佛大学神经科专家莉文斯通博士说，《蒙娜丽莎》的微笑时隐时现，这与人体视觉神经系统有关，并非是因为画中人的表情神秘莫测。莉文斯通博士是视觉神经方面的权威专家，主要研究的方向便是眼睛与大脑对光线不同对比和明暗的反应。她的研究表明，人类的眼睛分为中央和外围两个不同部分接收影像。中央部分负责分辨颜色、细致印记；环绕浅窝的外围则留意黑白影像和阴影。她分析说，当人们的中央视觉神经关注《蒙娜丽莎》的双眼的时候，较不准确的

外围视觉便会停留在她的嘴巴上。由于外围视觉神经并不注重细微之处，无形之中便突出了颧骨部位的阴影。因此，笑容的弧度就显得更大了。然而，当眼睛直视《蒙娜丽莎》的嘴巴时，中央视觉神经便不会看到阴影。《蒙娜丽莎》的笑容若隐若现，源于人们的目光不断转换。如果人们只看着她的嘴巴，那便永远无法捕捉她的笑容。

1993 年，加拿大美术史家苏珊·吉鲁公布了一项令世人惊讶的研究成果。她认为《蒙娜丽莎》那令无数观赏者所倾倒的口唇，其实是一个男子裸露的脊背。猛然听到这一论断让人感到荒诞至极，然而苏珊用有力的论证来说明。集画家、雕刻家、建筑师、工程师及科学家等多种才能于一身的达·芬奇，可以说是个"怪杰"。他喜欢穿粉红色外套，喜欢把胡须上无所顾忌地涂成五颜六色，还常称自己解剖过不下 30 具死尸。达·芬奇习惯从右到左倒着写字，别人要借助镜子才能读出他写的东西。只要旋转 90°后从镜中看《蒙娜丽莎》画中抿着的双唇，恰好是一个背部线条分明的结实的男性脊背以及左臂和肘部的一角；而且，这正好表现出人体美和呼唤人性的觉醒，这既是达·芬奇的人生哲学，也是他的艺术精髓。

几百年来，"微笑"的新解层出不穷。有人说微笑不露皓齿是因为作品原型虽典雅美丽却口齿不齐；还有人说她的原型因爱女夭折，而郁郁寡欢，难以掩饰凄楚之态；更有甚者，把原型贬为妓女，故而她的微笑中带着讥嘲和揶揄。

美国马里兰州的约瑟夫·鲍考夫斯基博士认为："蒙娜丽莎根本就没有笑。她的面部表情只是想掩饰自己没有门牙。"

法国里昂的脑外科专家让·雅克·孔代特博士认为蒙娜丽莎刚得过一场中风，因为她脸上的肌肉是松弛的，再加上脸歪着，所以看起来像是在微笑。

英国医生肯尼思·基友博士认为蒙娜丽莎当时怀有身孕。他的根据是：蒙娜丽莎的脸上流露出满意的表情，皮肤细嫩，双手交叉着放在腹部。

## 《蒙娜丽莎》真伪之谜

传统说法是：官方声称达·芬奇的《蒙娜丽莎》收藏于巴黎的卢浮宫。但在收藏界却另有一种说法：挂在卢浮宫的不是真品《蒙娜丽莎》，真正的《蒙娜丽莎》被悬挂在伦敦一所公寓的墙上。

这间公寓和这幅作品的保管者普利策博士说，《蒙娜丽莎》完成

后，作品就留在丽莎·德·佐贡多家中。后来，有一个贵族请达·芬奇为他的情妇画一幅肖像，这个被称为"拉乔康达"的女子和蒙娜丽莎长得很像。于是，一时懒惰的达·芬奇把《蒙娜丽莎》的脸部换成了拉乔康达。油画完成后，那个贵族抛弃了他的情人，也没有买下这幅画。后来达·芬奇应弗朗西斯一世的邀请去了法国，带去了这幅画。普利策说，给卢浮宫增添光辉的就是这幅拉乔康达像，而真正的《蒙娜丽莎》后来流落到英格兰，20世纪被一家博物馆馆长、艺术鉴赏家威廉·布莱克买下，后来又被瑞士一财团收购，普利策便是其中的成员。

20世纪初，曾经有许多人大量地复制、伪造艺术名作，其中包括《蒙娜丽莎》。但是，普利策博士对他的这幅画的真实性深信不疑。他曾用显微摄影技术证实，伦敦这幅画上的指纹同达·芬奇其他作品上的指纹相同。根据记载，蒙娜丽莎比拉乔康达年轻19岁，被画时披着一条表示哀悼的面纱，在两幅画中，只有伦敦那幅是一个年轻的女子披着漂亮的面纱；另一个证据是，拉斐尔当年在达·芬奇创作这幅画时曾经作过速写，速写中的蒙娜丽莎背后有两根圆柱，这两根圆柱出现在伦敦的肖像画里，而卢浮宫那幅《蒙娜丽莎》的背景是山崖、小径、石桥、树丛与潺潺的流水。

加利福尼亚大学教授卡罗·佩德雷蒂认为，蒙娜丽莎身后的背景是意大利中部阿雷佐市里阿诺桥附近的景色。他的证据是：达·芬奇出生在距阿雷佐市约100千米的小镇，并曾经在阿雷佐市生活过，这一地区的原始景观与《蒙娜丽莎》的背景几乎完全一样，因此，达·芬奇确实可能采用这一地区的田园景色作为《蒙娜丽莎》的背景。当佩德雷蒂在达·芬奇绘画国际研讨会上宣布这一观点后，许多美术史专家都对他的研究结果表示认同。

## 死因之谜

根据有关资料记载，蒙娜丽莎是在46岁时抑郁而死，但一位日本心脏病专家说他发现蒙娜丽莎的左眼上有一块黄斑，这是胆固醇含量过高的征兆。所以这个日本心脏病专家认为蒙娜丽莎应该死于心肌梗塞。

但是，由于历史材料有限，上述观点只是对《蒙娜丽莎》这幅画像的几点猜测与推断，事实的真相还有待于对历史的进一步发掘。

## 悬疑奇案

# 《马拉之死》是怎样画成的

名画《马拉之死》表现了革命家马拉被刺的情景，其真实的细节描绘使画作获得了成功。然而，大卫是如何构思这些细节的呢？其艺术性何在？好奇心驱使人们不断地对其进行新的探索。

大卫的名画《马拉之死》在世界上声誉斐然，然而大卫是如何让这幅名画诞生的呢？在这幅画中又蕴含着哪些社会背景呢？这就需要先对马拉有个简单的了解。

### 《马拉之死》的构思来源于真实场景

让·保尔·马拉是 18 世纪法国资产阶级革命时期的著名革命家，并且是雅各宾派的主要领导人之一。1793 年 7 月 13 日，由于他积极鼓吹暴力革命，坚决反对右翼吉伦特派的妥协投降政策，因而遭到吉伦特派残余分子的刺杀。马拉被刺杀的消息传出后，人们群情激愤，法国新古典主义大师雅克·路易·大卫受命用他的画笔表现马拉被刺的情景。三个月之后，题为《马拉之死》的著名油画开始在卢浮宫展出。人们交口称赞这幅画艺术地再现了马拉的崇高形象，画家凭借真实的细节描绘成功地表现了马拉遇刺身亡的情景。但是人们对画家为何如此构图则有着各自不同的理解。绝大多数人认为，大卫是运用了写实的手法，将马拉生前常常在浴缸中工作这一典型的场景作为创作素材。然而，马拉为何要以这样的方式工作呢？这主要与他所患皮肤病有关。

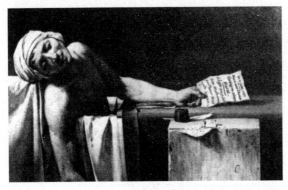

在法国大革命初期，为了使《人民之声》报能够及时出版，同时也为了躲避反动密探和刺客的重重包围，马拉经常到穷苦人家的地窖或城外采石场的洞穴等阴暗潮湿的环境中工作，致使他染上了湿疹，并且蔓延全身，因此他不得不泡在水中以减缓病痛。同时，马拉作为国民公会代表身负重任，每天必须处理大量公务，为此他就在浴室里放了一张小办公桌。画家就是根据这个真实的情境进行构思创作的。而且，大卫本人也说过："在马拉被刺的前几天，我被派去访问他。他在浴缸中工作的情景令我惊讶。浴缸旁边放着一只木墩，那就是办公桌，上面有墨水瓶和纸，而在浴缸外的手却在书写关于人民福利的计划。我认为，将马拉为人民操劳的生活情景展示给人民是有益的。"

## 作品的构思是对之前画作的借鉴

然而，也有人认为该画的创作构思并非如此，大卫如此构图与马拉的病没有任何关系。根据专门为马拉遗体作防腐处理的医生所说，马拉患的是麻风病而非湿疹。所以大卫在绘制《马拉之死》时只不过是借鉴了之前他为另一位革命英雄勒佩蒂埃所作肖像画的画法。勒佩蒂埃生前也是国民公会代表，遭反动分子暗杀后，大卫也曾为他画过像。在画中死者赤裸着上身倒在床上，可以清楚地看见死者身上致命的伤痕。那幅画作造型单纯明确，意境深远，艺术处理上非常成功。所以，大卫决定以同样的手法来塑造马拉为革命献身的英雄形象，但不同的是这次马拉是死在浴缸中。此外，还有一些艺术史学家们主张应该从纯艺术的角度来看待这个问题。他们认为大卫不仅是新古典主义画派的巨擘，同时也是一个写实派画家，正是这种双重性决定了《马拉之死》的艺术构思。

关于《马拉之死》的创作构思问题的探讨可谓是众说纷纭，但现在尚未发现画家本人就此问题所做的详细说明，因此以上观点孰是孰非，难以下结论。

## 悬疑奇案

# 莎士比亚诗中的
# "黑肤夫人"之谜

莎士比亚的一生著作颇丰，他的笔下塑造了无数活灵活现的人物形象。"黑肤夫人"是众多人物形象中比较令世人瞩目的一个。她的生活原型到底是谁呢？是客栈老板的妻子，还是美艳的夫人？

### 神秘的"黑肤夫人"

莎士比亚创作的十四行诗隽永、清新，在世界文坛上可谓是独树一帜。"黑肤夫人"就是莎士比亚十四行诗中的一个典型形象。在作家的笔下，"黑肤夫人"被塑造成一位绝色美女，极具诱惑力。后人费尽心思想弄清这位黑眼睛、黑皮肤、黑头发的"黑肤夫人"在现实中的原型究竟是谁。

### "黑肤夫人"的真实身份

西方一些研究者认为，这位迷人的"黑肤夫人"就是位于斯特拉特福与伦敦之间的一位客栈老板的妻子。因为莎士比亚诗中描写的内容与这家客栈的情形非常吻合，而且客栈老板的儿子私下里也曾自称是莎士比亚的私生子。

但调查研究后，研究者们发现，那家客栈在"黑肤夫人"问世之时尚未存在。显然这在时间上有所出入。大部分人认为，宫女玛丽·菲顿就是作品中"黑肤夫人"的原型。玛丽·菲顿是一位美艳照人、放荡不羁的佳人，同许多风流男子及达官贵人关系暧昧，而且常常毫无顾忌地与她的情人幽会。尽管后来她被逐出王宫，但她一刻也未停止过对浪漫、风流的追求。然而，"黑肤夫人"是一位有夫之妇，这一点与独身的玛丽·菲顿并不一致。

还有一些人认为，莎士比亚的妻子安娜就是"黑肤夫人"。在莎士比亚的眼中，安娜是最多情、最美丽的女子。

这位"黑肤夫人"究竟是谁呢，她是否真的存在，还是只是一个虚无缥缈的人物呢？人们无从考证，这是莎士比亚留给后人的一个未解之谜。

## 悬疑奇案
# 米洛斯的维纳斯之谜

在古希腊神话中流传着许多美丽动人的传说，其中有一个就是关于爱神维纳斯的传说。维纳斯美艳无比，她同时掌管着动植物的繁衍与人间的爱情。西方艺术家曾把她奉为女性美的形象楷模。

### "断臂维纳斯"的发现

在1820年4月的一天，农民伊沃高斯带着他的儿子在爱琴海的米洛斯岛上耕地。正当他们准备铲除一丛矮灌木时，突然发现了一个大洞穴。他们好奇地走进洞穴，一座精美绝伦的半裸女性的大理石雕像出现在他们眼前。这就是"断臂维纳斯"像。法国驻希腊的代理领事路易·布莱斯得知了这个消息，便立即将这一消息报告给了法国公使利比耶尔侯爵。侯爵从伊沃高斯手中以2.5万法郎的高价买下了这座雕像，偷偷地把它装上法国军舰，运往法国。雕像现被陈列于法国巴黎著名的卢浮宫美术馆，成为卢浮宫的珍品之一。

### "维纳斯"之谜

"断臂女神"的发现使人们产生了一连串的疑问。她是谁？她的制作者是谁？她的手臂究竟哪儿去了？她断臂之前的姿态又是怎样的呢？

关于"维纳斯"的作者之谜以及有关"维纳斯"名字的来源有这样的说法：在古希腊人的神话传说中，有一个女神专司"美"和"爱"之职——阿弗洛狄忒。当这位专司"美"和"爱"的女神传到古罗马，罗马人便将她称为"维纳斯"。"断臂维纳斯"像的脸形与公元前4世纪古希腊著名雕塑家普拉克西德雷斯的作品"克尼德斯的维纳斯"的头部很相似，所以很多人断定雕像的创作者就是普拉克西德雷斯。但是，同样有相当一部分人认为，如此优美的"断臂维纳斯"应该是在公元前5世纪由古希腊更伟大的雕塑家菲迪亚斯或菲迪亚斯的学生完成的。因为作品的风格属于那个时代。直至今日，相对盛行的观点认为，这是一件公元前1世纪之前的希腊化时期的作品。

同时还存在另外一种观点，认为这仅是一件复制品，是模仿公元前4世纪的某件原作的复制品，但原件已经消失了。总之，关于"断臂女神"的说法，众说纷纭。

## "断臂"之谜

在发现雕像的洞穴中人们曾找到过一些手臂的残片。但究竟是否是这座雕像的残片呢？有人认为不是，有人认为是，说法不一。一些考古学家、艺术家曾经尝试着为女神像修复手臂。而对于维纳斯原有的手臂形状与姿态是什么样子，人们又各持己见。德国考古学家福尔托温古拉设想，女神的左手向前伸，小臂放在一根柱子上，并且她的手掌中握有一个金苹果，右手下垂按住已滑落在下腹的衣裙。还有一种较为流行的意见是：她左手向前伸，握着一面盾牌，右手腾空略向下垂，但是并不按住衣服。人们甚至还依照自己的猜想去修复"美神"的一双断臂。可是，安上手臂以后，总是使人感到不够自然、合理，而且也不协调，不如断臂时那么美了。到目前为止，人们喜爱的依然是这个"断了臂的女神"。"断臂"给这座雕塑笼罩上了一层神秘色彩，也更增添了她的残缺美。人们发挥无穷的想象力，一直试图去解开"断臂"之谜，但也许这个谜永远都不会有答案。

## 悬疑奇案
# 神秘的圣女神像之谜

　　古老的印第安民族以其勤劳和智慧留下了许多不朽的杰作，大到建筑，小到艺术雕刻，都显示出印第安民族精湛的技艺。就像这尊神秘的圣女神像，在仅有8毫米的圣女神像的眼中居然包含着一幅浩大的生活画面！

### 惊人的发现

　　在墨西哥瓜德罗普大教堂的祭坛上放置着一座真人大小的女神雕像，据说，这是16世纪30年代初期印第安人的作品，至今已四百多年了。

　　教堂由于这座珍贵的圣女像的存在，参观者络绎不绝，在圣女像面前人们久久凝望，这座来自古代的圣女神像面容安详、圣洁，令人不由得为印第安人精妙的雕刻艺术所折服。

　　1929年的一天，一位叫阿方索的摄影师，奉命为大教堂拍一些照片，长期以来，阿方索拍摄的照片经由各种各样来此参观的人之手，分散到世界各地。瓜德罗普大教堂的名声也因此越传越远，阿方索摄影师很满意自己的摄影技术。当阿方索打开摄影机的镜头，在祭坛上寻找理想的拍摄角度时，圣女像当然是镜头的中心，阿方索一再地调准镜头，希望把这座美丽的圣女像拍得更为迷人。

　　正当阿方索要按下快门的时候，突然间他看到圣女像的眼中有东西在闪烁。"圣女的眼中藏着什么呢？"阿方索很好奇，他停止了拍摄，把眼睛凑在镜头前，仔细地观看起来。

　　经过仔细观察，阿方索竟然在圣女像的眼中，看到了一个模糊而奇怪的人影！这人影显然是被印第安人巧妙地刻进去的，它竟一直隐藏在那里四百余年！

　　阿方索顾不上再拍照，急忙把这一惊人的发现告诉了主教。主教也匆匆赶来，他透过放大镜观望，果然捕捉到了这个不太清晰的人影。

　　这件事既很神秘也很重大，在神秘圣洁的女神像眼中竟出现了人影，主教决定不能让这件事传扬出去，免得损坏了这尊女神像纯洁圣女的名声，阿方索接受了这个建议，便将这件事一直埋藏在心底。

　　这样，直至1951年，圣女像依然安静地耸立在瓜德罗普大教堂的祭坛之上，温和而平静地凝望着前来瞻仰她的人们。若不借助放大镜细致地观察，游客们是很难发现在圣女眼中还藏有人像的秘密。

## 圣女像中的"人影"之谜

　　但是，终于有一位细心人再次看出了其中的奥秘。这是一位名叫克罗斯的画家，他经常来教堂临摹这座美丽的圣女像，对她的观察也一次比一次细腻。一天，当他将照相机的长镜头对准圣女仅有8毫米大的眼睛时，画家克罗斯惊讶地叫了起来，这次他清楚地看到：圣女像，像中有像，一个小人影出现在圣女的右眼中！

　　克罗斯并不是神职人员，因此他不需要遵守教堂的规定，于是这件事很快便被克罗斯传扬出去！一时间，圣女像便成了科学家们争相研究的对象。二十多位著名的专家在放大40倍的显微镜下仔细观察之后，证实了圣女像的右眼中确实存在人影，并且已经辨认出这是一个手捋胡子、头发已经斑白的印第安人半身像，人们甚至还可以看出他的神态似乎若有所思。要知道这是刻在仅有8毫米大的圣女像眼中的人像啊，它不仅头发、胡须俱全，人们还可以看出人物的表情，这怎能不令人拍案称奇呢！

　　几十年的时间过去了，人们对圣女像的研究兴趣一直没有减弱，直至1979年2月，美国纽约大学的教授约瑟首次利用他的电脑装置，把普通大小的圣女像放大了2 700倍，任何微小的秘密都被暴露出来了，圣女像8毫米的双眼被放大为2米。

　　于是，人们有了更惊人的发现，在圣女像的眼睛中，不是一个人影，而是12个！而且左右眼都有。这些小小的人影都是印第安人，他们有的在做祈祷，有的带着孩子在玩耍，还有的手拿帽子、身穿披风，这些画面都是印第安人的生活场景。圣女的眼中为什么会有人影？这些人影究竟代表着什么意义？他们又是怎样被刻进如此小的空间的呢？这个问题谁也答不上来。

　　要想解开这些历史难题还需要科学的进一步发展。

## 悬疑奇案

# 《月光奏鸣曲》得名之谜

毕生追求"自由、平等、博爱"的贝多芬是音乐史上古典乐派的集大成者，也是开浪漫派先河的伟大音乐家。他的《英雄》《命运》《月光奏鸣曲》等作品对音乐的发展影响深远，因此贝多芬有"乐圣"之称。

### 《月光奏鸣曲》是如何诞生的

维也纳古典乐派代表人物之一的贝多芬一生作品无数，在其作品中，《月光奏鸣曲》却有着很大的争议。人们普遍认为，闻名遐迩的《月光奏鸣曲》是贝多芬即兴创作的。但是许多音乐史学家经过研究、考证后都认为贝多芬虽然有才华可以即兴作曲，但是这首曲子却并非即兴创作而成的，而是艰苦劳动后的成果，最有力的证据便是那反复修改涂抹的手稿。这首曲子到底是在何时、何种环境下诞生的？

在这首曲子第一版扉页上有如下献词："献给朱丽叶塔·基恰尔第。"因此有些音乐史学家便据此做出了另外一些解释。一种说法是贝多芬与其女弟子朱丽叶塔在热恋时经常在皎洁的月光下散步，受到恋人的柔情与美丽的月光的激发，贝多芬创作出这首曲子，并把它献

给自己心爱的人。然而对贝多芬深有研究的著名作家罗曼·罗兰却持不同的观点，他认为《月光奏鸣曲》并不是贝多芬的热恋之作，而是失恋之作，并且其内容与月亮毫无关系。这首曲子只是把他当时内心深处的悲愤、痛苦、绝望及对昔日恋情的留恋等感情表达出来。但有一些音乐史学家指出，这首曲子创作于1801年，此时，贝多芬与朱丽叶塔正在热恋，而朱丽叶塔在贵族家庭的压力下被迫嫁给他人的

事情发生在一年多之后，因此贝多芬怎么会在热恋时就写出"失恋之作"呢？后来又有人查明，贝多芬的这首奏鸣曲原先也并不是为朱丽叶塔创作的，而是由于那首准备献给朱丽叶塔的"G大调轮回曲"不知出于何种原因被一位公爵夫人要去了，贝多芬为了兑现诺言才改送了这首新谱写的钢琴曲，因此这首曲子也未必是受到与朱丽叶塔在月光下散步的启发而创作的。

## 《月光奏鸣曲》的表现内容

有不少评论家和音乐家仍然坚持《月光奏鸣曲》主要是表现月光的这一观点，他们对它的描写甚至相当具体：第一乐章为"初升的月亮"；第二乐章为"明月当空照"；第三乐章为"午夜之狂飙"。德国的音乐评论家、诗人同时也是著名的《舒伯特小夜曲》词作者的雷尔斯塔布，便是持有这类观点的代表人物。他听了这首乐曲的演奏之后，充分发挥他诗人般丰富的想象力，用如诗般美丽的语言把乐曲中所要表达的意境描绘了出来。

自此之后广泛流传的那些与月光有关的传说故事，以及不知哪位出版商为了增加销售量而乘机加上的"月光"这个标题，也许在某种程度上受到了雷尔斯塔布的影响。但是，仍有很多人反对这种观点，他们根据自己的感觉和理解解释乐曲：有人说它是美丽的少女为生病的父亲的祷告；有人说它将一幅带有圆亭的美丽风景展现在人们面前，有人则说它使狂暴的、忧郁的、悲剧性的情绪或无限的惆怅和愁思得以展现……

然而无论怎样，有一个事实是毋庸置疑的，这首钢琴曲从被创作出来的那天起，便因其感情丰富、意境深远、结构巧妙、旋律优美、指法流畅而受到演奏家和听众的广泛欢迎，而且以《月光奏鸣曲》这个名字闻名于全世界，许多人都在欣赏乐曲时对月光产生了遐想。因此，又有谁能说贝多芬创作的这首曲子肯定与月光毫无关联呢？

## 悬疑奇案

# 凡·高的《向日葵》之谜

在世界美术史上，凡·高是一位举足轻重的画家，他用自己的心灵来作画，他曾说："我的作品就是我的肉体和灵魂，为了它，我甘冒失去生命和理智的危险。"

### 凡·高画了几幅《向日葵》

凡·高（1853年—1890年）是一名荷兰画家，是现代印象派绘画艺术的杰出代表。《向日葵》是凡·高的代表作之一，凡·高似乎非常喜爱画向日葵，那么终其一生，他究竟画过多少幅油画《向日葵》呢？

为此有人曾专门做过统计，认为凡·高大约画过6幅《向日葵》。最初凡·高画了4幅油画《向日葵》，画面上的向日葵数目不一，其中一幅画面上仅有3朵向日葵，而另一幅画面中有5朵向日葵，剩下的两幅画面中分别有12朵和14朵向日葵。在1888年的时候他创作了那幅14朵的《向日葵》，就是这一幅画被公认为凡·高的代表作，并曾经被拍卖至3950万美金。

享誉法国画坛的法国印象派画家高更（1848年—1903年）与凡·高相交甚密。据说，他向凡·高求画，凡·高便将画有12朵向日葵和画有14朵向日葵的画送给了他。得到这两幅画后，高更非常兴奋，爱不释手。见高更如此喜欢，凡·高便又画了两幅《向日葵》送给了高更。至此，凡·高所画的6幅《向日葵》油画作品应该已经齐全了。这与凡·高在书信中所提到的共有6幅《向日葵》的这个数字符合。

有意思的是，虽然多家报纸转载报道了上述的说法，但这幅《向日葵》的所有者日本安田保险公司却没有做出任何反应。这是因为对此说法安田保险公司持有怀疑，就连一般读者也会产生疑惑。证据不充分有两点原因：其一，并没有充分证据表明凡·高到底画过几幅《向日葵》，虽然在信中凡·高提到过"6"这个数字，但凡·高在以

后会不会再画一幅《向日葵》，或者更多就不得而知了；其二，称日本安田保险公司所拥有的《向日葵》是许费纳克伪造的，证据也并不充分，仅是猜测而已。一个三流画家是否能伪造出大师的手迹让人怀疑，而凡·高的《向日葵》究竟是真是假，现在人们尚未有新的结论。

还有人提出凡·高的《向日葵》应该有 4 幅，因为在一般的美术史上认为，凡·高的《向日葵》是 4 幅：其中两幅在伦敦，一幅在慕尼黑，还有一幅在阿姆斯特丹。在这 4 幅《向日葵》中，有 3 幅是以黄色的背景衬托黄色的向日葵，只有一幅是以浅蓝色的背景衬托着亮黄的花簇。依据这些，人们认为凡·高应该只创作了 4 幅《向日葵》。

关于凡·高创作了几幅《向日葵》，后人还有很多说法，有说 7 幅的，也有说 12 幅的，还有说 14 幅的。那么凡·高究竟画了多少幅《向日葵》呢？这终究还是个谜，谜底仍有待于后人来揭开。

## 悬疑奇案

# "阿波罗登月"真伪之谜

美国"阿波罗11号"宇宙飞船实现了人类登上月球的梦想，这曾经是一件多么激动人心的事情啊！然而，随着一系列反面证据浮出水面，"阿波罗登月计划"的真实性遭到了质疑。

### 阿波罗是否"登月"成功

1961年美国开始实施载人登月计划，于1972年结束。在此期间美国总共发射了17艘飞船，其中6艘登月成功。宇航员在月球表面步行或乘坐月球车，对月球进行了十多项科学实验和地质探测，并且在月球表面安置了测震仪、激光反射器等设备。并将月球的岩石、土壤样品及照片底片带回地球。

1969年7月，美国"阿波罗11号"宇宙飞船"实现"了人类首次登月的壮举。自称第一个踏上月球表面的阿姆斯特朗向全世界宣布："这是我个人的一小步，却是人类的一大步。"全球数以万计的人都通过电视屏幕看到了这一激动人心的场面。

但在2000年7月中旬，墨西哥《永久周刊》的科技版刊登了一篇题为《本世纪最大的伪造》的文章，作者是俄罗斯的研究人员亚历山大·戈尔多夫，他对美国于31年前拍摄的有关登月时的照片提出质疑。此后许多报刊纷纷转载这篇文章，并引起了读者的广泛关注。霎时间，沉寂了许久的关于"阿波罗登月"真伪的讨论再次火热起

来。据美国一家社会调查机构统计，竟有大约10%（约2 500万）的美国人都认为：所谓"阿波罗登月"，是美国宇航局编造的一个大骗局。但令人奇怪的是，迄今为止美国官方对此没有做出任何正面回应，而美国宇

航员尼尔·阿姆斯特朗仍然健在，为何不让他出来澄清此事？是美国政府对此不屑一顾，还是确有其事？

## 人类实现了首次登月的壮举

按照人们普遍接受的观念，在 20 世纪 50 年代末至 60 年代初的航天竞赛中，处于劣势的美国人决心不惜任何代价，重振昔日科技和军事方面领先的雄风。1961 年，美国总统肯尼迪正式宣布，在 20 世纪 60 年代末美国将要实现把人送上月球的目标。这就是举世闻名的"阿波罗登月计划"。

1969 年 7 月 16 日上午，在美国肯尼迪发射场，载着"阿波罗 11 号"飞船的土星 5 号运载火箭点火升空，开始了人类登月的首次太空飞行。参加这次飞行的有美国宇航员尼尔·阿姆斯特朗、埃德温·奥尔德林、迈克尔·科林斯。美国东部时间下午 4 时 1 分 42 秒，阿姆斯特朗小心翼翼地将左脚踏在月球表面上，这是人类第一次踏上月球。随后他用特制的 70 毫米照相机将奥尔德林登陆月球时的情形拍摄下来。他们在登月舱附近插上了一面美国国旗，为了使星条旗在无风的月面上看起来如同迎风招展一般，他们用一根弹簧状金属丝把它舒展开来。接着，宇航员们安置了一台测震仪、一台激光反射器……他们在月面上共停留 21 小时 18 分钟，采集了 22 千克月球的土壤及岩石标本。7 月 25 日清晨，"阿波罗 11 号"指令舱载着三名航天英雄平安降落于太平洋中部海面，登月行动宣告圆满结束。

## "阿波罗登月"是一场骗局

时隔三十多年后，戈尔多夫公开发表文章对美国拍摄的登月照片表示质疑。他认为，美国宇航员在月球上拍摄的所有照片和摄像记录，都是在好莱坞的摄影棚中制造出来的。他强调这一结论是在进行了认真的科学分析和认证之后得出的。主要理由如下：没有任何一幅在太空拍摄的影像或画面可以在太空背景中见到星星；图像上物品影子的朝向是多方向的，然而太阳光照射物品所形成的阴影应该是同一个方向的；摄影记录中那面插在月球表面上的星条旗在迎风飘扬，而月球上根本没有风，旗子不可能被吹飘起来；从摄影纪录片中人们可以看到，宇航员在月球表面行走如同在地面上行走一样，而实际上月球上的重力要比地球上的重力小很多，因此人在月球上每迈一步的距离就相当于人在地面上跨越了 5—6 米；登月仪器在月球表面"移动"

时，从轮子下弹出的小石块的落地速度也与在地球上发生同一现象的速度相同，然而在月球上速度应该比在地球上快 6 倍。

戈尔多夫表示，虽然他质疑三十多年前美国宇航员"拍摄"的登月照片和摄像纪录，但这并不是否定当年美国宇航员的登月壮举。他认为，美国宇航员在当时确已接近了月球表面，但由于技术原因并未踏上其表面。但美国急于向全世界表功，因此伪造了多张登月照片及一部纪录片，蒙骗了所有人。美国著名工程师拉尔夫·勒内、英国科学家戴维·佩里和马里·贝尔特都对戈尔多夫的这一质疑表示赞同。

无独有偶，自称参与过"阿波罗登月计划"的比尔·凯恩教授曾写了一本名为《我们从未登上月球》的书，书中也列举了有关阿波罗登月计划的一些疑点，甚至认为载有宇航员的火箭确实发射了，但目标并非月球，而是人迹罕至的南极，在那里指令舱被弹出火箭，并被军用飞机回收。随后宇航员在地球的实验室内表演了登月过程，最后进入指令舱，然后被投入太平洋中部，完成整个所谓的登月过程。

## "阿波罗登月"的真伪

"阿波罗登月计划"是否是一场骗局的问题在美国引起了争论。以著名物理学教授哈姆雷特为代表的人士支持"骗局论"，他们认为阿波罗登月造假的依据是：

阿波罗登月的照片纯属伪造。根据美国宇航局公布的资料测算，当时太阳光与月面间的入射角仅有 6°—7°，然而按照那张在月球上插着的星条旗的照片显示，当时阳光的入射角大约近 30°。照片中出现的阴影夹角应该在"跨出第一步"的 46 小时之后才可能得到。

阿波罗登月的录像带应该是在地球上摄制的。对录像进行分析，

宇航员在月球表面上的跳跃达到的高度与在地球上达到的高度相近，并不符合月面行走特征。

月球表面根本没有安装激光反射器。根据美国某天文台的数据测算得知，如今在地球上用激光接收器收到的反射光束强度仅是反射器反射强度的 1/200。因此，这道光束应该是月亮自身反射的。换句话说，在月球上根本

没有激光反射器。而且登月舱研制的速度也很可疑。直到 1967 年 1 月美国才研制出第一个"土星五号"，并在 1 月 27 日进行首次发射试验，发射过程中不幸失火导致三名宇航员窒息身亡。随后登月舱重新设计，硬件研制推迟了 18 个月，怎么可能在 1969 年 7 月就一次登月成功呢？

对"土星五号"火箭和登月舱的质疑。现代航天飞船仅能把 20 吨载荷送至低轨，然而当年"土星五号"却能轻而易举地将 100 吨以上载荷送上地球轨道，为何后来却弃而不用呢？据说连图纸都没有保存下来。

温度对摄影器材的影响。月面的温度白天可达到 121℃，根据图片观察，相机是露在宇航服外面并未采取保温措施。胶卷在 66℃时就会受热卷曲失效，怎么可能拍得了照片？

这些人士认为，对以上这些问题美国政府一直没有做出明确的交代，而知情者可能由于担心生活和自身安全受到影响，甚至有可能直接遭受了胁迫，所以对此沉默不语。令人不得不怀疑登月事件的真伪。

不过，仍有许多人认为"阿波罗登月计划"不可能造假：

首先，因为该计划当时是在全球进行实况转播的，数亿人亲眼观看。此外，宇航员还从月球带回了实物样本，例如岩石。

其次，美国政府不会拿信誉开玩笑。如果仅是一次骗局，他们根

本无须冒如此大的风险进行实况转播，而只需在事后发表一些照片即可，否则万一有所闪失，美国政府要承担极严重的后果，甚至会名誉扫地，从此一蹶不振。

第三，美国宇航局有一大批科技、工程人员，绝大多数人都会秉持科学的态度，不会将严肃的科学问题视为儿戏。假如登月计划是一场骗局，那么不仅全体参与者的人格将会受损，而且还让几万人守着谎言过了几十年，这绝非易事。

另外，美国的传媒几乎是无孔不入。如果政府有欺骗行为，各大媒体一定会有所发现的。然而迄今为止美国新闻界并未对此大肆渲染，其中必有一定的道理。

再就是揭露登月事件的证据尚不充分。有人指出，以上提出的理由并不严谨，用几张照片和录像来判断登月是骗局，就如同用数学归纳法来证明哥德巴赫猜想一样可笑。

争论一直持续着，在美国华盛顿国家航空航天博物馆举行的纪念人类首次登月30周年的仪式上，美国副总统戈尔授予当年乘坐"阿波罗11号"在月球着陆的三名宇航员"兰利金质奖章"，以表彰他们为航天事业做出的杰出贡献。这一举动表示了美国政府对"阿波罗登月"的态度。但是，阿姆斯特朗却依旧拒绝参加任何记者招待会、签名或合影，几十年来他始终保持沉默。这又给人们留下了一个巨大的疑问。

美国宇航员首次登月究竟是否着陆了？美国登月是否真的是一场骗局？人们急切地期待着真正的答案。

# 世界历史悬疑奇案

SHIJIE LISHI XUANYI QI'AN

## 名人逸闻

## 悬疑奇案
# 真实的所罗门王之谜

我们所熟悉的埃及法老，据说还有着另一个身份，那就是著名的所罗门王，他以智慧和公平闻名于世。有人说，他那流传千古的宝藏，很有可能来自于盗墓者。这种说法可信吗？

### 两场古代官司

在古代，曾经有两场官司发生在同一时期的同一地区，但是，它们却迥然不同：一个是名垂历史的传说；一个是毫无名声的真实事件。

传说中，两个妇人带着一个婴儿来到国王面前，都声称自己是孩子的母亲，众人难以分辨。国王想了想，说："那就把孩子劈成两半吧！"一个妇人点头答应，另一个则哭着说："我不要孩子了！"国王马上宣布："她才是真正的母亲！"

这位公平智慧的国王正是以色列的所罗门王。他一直为后世所尊敬，就连现在英国国王的加冕典礼，都要合唱歌颂所罗门王的歌。

　　与此同时，以色列的近邻——古埃及王国就发生了一场真实的官司。

　　古埃及王国分成上、下两部分，两者在联合王国的外衣下，始终明争暗斗。当时的法老定都在下埃及，在塞桑克一世执政时期，发生了一系列严重的盗墓案。上埃及历代法老的墓地总是被盗，在被称为帝王谷的地方，曾经有十个前朝王陵相继被盗，棺内的珠宝首饰等丢失，甚至连石棺都被劫掠一空。负责人在追查这件事的时候发现，证据显示帝王谷的主管和上埃及首都的市长最有嫌疑，但令人奇怪的是，这宗案子到最后却被推到了不知名的盗贼身上。

## 所罗门王的宝藏

　　现在，许多考古学家都发现，帝王谷的盗墓活动非常猖獗，几乎所有的法老墓都被洗劫一空。但使人迷惑的是，塞桑克一世的两位直系祖先的陵墓却完好无损；更令考古学家迷惑的是很多被盗物品都在这位法老的陵墓中找到了。这难道是那些盗墓者接受了埃及法老的指示才这样做的吗？

　　这两场古代官司分别涉及一位英明睿智的国王和一位特别贪财的国王。可新派考古学家拉尔夫·伊利斯却认为这两位性格差异很大的国王其实就是一人——所罗门王。

　　在传说中，所罗门王创建了强大的国家，囤积了大量的金银珠宝，也就是"所罗门宝藏"。这些宝藏都成了千古之谜，也成为后来电影和小说中的素材。

　　大部分学者都认为所罗门王宝藏只是个传说。但若按拉尔夫所说，将所罗门王和埃及法老看成一个人，那么，所罗门王建立的强大而富有的国家，就变成真实的历史了。

　　宝藏中的金银财宝可能大多数都来自盗墓，但是，这些宝藏很快就被盗墓者挥霍一空，剩下的一些也被侵略者抢走了。从此，宝藏消失在历史的长河中。若是"所罗门宝藏"真的存在，那它的真实来源也早已无从考证，也许只有所罗门自己才知道。

## 悬疑奇案
# 汉尼拔兵败之谜

汉尼拔是一位斗士，更是英雄，他以出色的指挥抵御住罗马帝国的攻击。他高超的军事才能令人赞叹不已，而他的失败更令人扼腕叹息，也许他兵败的背后还隐藏着许多秘密。

汉尼拔是迦太基统帅，少时立志要击败罗马。公元前221年，汉尼拔任西班牙的迦太基统帅后，于公元前218年远征意大利，在第二次布匿战争中大败罗马军，汉尼拔从此声名远扬。公元前202年扎马战役失败后，汉尼拔逃往叙利亚，想在此重新积聚力量攻打罗马，结果愿望破灭，最后他在小亚细亚的比提尼亚自杀。

在很多著名的文艺作品中，犹太人似乎成了精明商人的形象代表。可要是在3 000年前，最精明和最成功的商人当数腓尼基人。腓尼基是地中海东海岸古国，约在今黎巴嫩和叙利亚沿海一带。腓尼基人善于海上航行，并以此闻名于世。地中海的每个角落都曾留下过腓尼基人船只的踪迹，有些腓尼基商人还将生意做到了地中海沿岸的各个港口。迦太基是腓尼基人在北非的商业殖民地，大约于公元前9世纪建立。公元前3世纪左右，迦太基

是当时地中海西部的强国。罗马人称迦太基人为"布匿"，公元前264年—公元前146年罗马和迦太基为争夺地中海的霸权而爆发了三次大规模的战争，这场战争也被称作"布匿战争"。汉尼拔作为迦太基的名将就成名于"布匿战争"，罗马人听到他的名字都要为之震动，可是尽管他如此英勇，仍然未能保住他的国家——迦太基沦于罗马人的统治之下。关于他兵败罗马一事，历史上颇有争议。

汉尼拔大约生活在公元前247年—公元前183年，或者是前182年，青年时代的汉尼拔就显示出了卓越的军事才能。他26岁时，被任命为迦太基军队的统帅。公元前219年，汉尼拔率领军队夺回了被

罗马占领的西班牙萨贡托城。第二次布匿战争爆发后，汉尼拔凭着超人的智慧，识破了罗马人的战略战术，制定了在敌人境内作战的方针。公元前218年4月，汉尼拔率领大军，从陆路出征意大利。汉尼拔征服了沿途的各个部落，经过五个月艰苦的行军作战，终于抵达了欧洲的著名山脉——阿尔卑斯山。汉尼拔的计划是偷偷翻过阿尔卑斯山，趁罗马人疏忽时攻打他们。但是天不逢时，此时的阿尔卑斯山正值封山期，山上白雪堆积，因此行军非常艰难。15天的艰苦跋涉后，军队终于越过阿尔卑斯山来到罗马人眼前，罗马军队惊慌四散。汉尼拔乘胜追击，于公元前216年，占领了"罗马粮库"坎尼城，双方展开了决战。罗马军队的人数大大超过了汉尼拔军队的人数。汉尼拔对此做出对策，他将军队布成半月形，将突出的一面对着敌人，较弱的步兵安排在半月中心前半部，后面则是英勇剽悍的步兵主力，半月的两端是骑兵。汉尼拔的战术在战斗中发挥出巨大的威力，重创了罗马军队。坎尼战役后，罗马可谓是陷入绝境，汉尼拔几乎就要实现其征服罗马的梦想了。然而好景不长，不久罗马人就扭转了战局，汉尼拔最终未能完成其征服罗马的夙愿。关于其原因一直是学者们热衷讨论的问题。

## 原因之一：国内形势

一些人持这样的观点：罗马和迦太基两国的国内形势导致了汉尼拔的失败。当时实行共和制的罗马正处于蓬勃发展的时期，尽管它是一个贵族共和国，平民和贵族之间仍然存在着矛盾，但在对迦太基作战的问题上，无论是统治阶级内部，还是贵族和平民之间，意见是比较一致的，他们都希望通过加强在地中海的霸权地位，来获得各自的

利益。因此罗马在对外扩张的过程中具有强大的力量，它在布匿战争中虽屡遭失败，但每次在失败之后都会迅速得到人力、物力的补充，直到最后取得胜利。相比之下的迦太基在许多方面就不如罗马。迦太基在征服北非土地之后，统治阶级内部明显分为两派：一派代表大土地所有者的利益，主张维护和巩固在非洲的利益；另一派为商业集团，主张继续进行海外扩张，扩大在海外的利益。两派的严重对立，直接影响和左右着迦太基的对外政策。汉尼拔站在商业集团这边，西班牙的新迦太基城是他们的活动中心和根据地；而大土地所有者们则占据了迦太基国内和政府的大部分。两派的对立使得汉尼拔转战意大利时，没有得到国内政府的帮助。因此导致他最终的失败。

## 原因之二：战略错误

还有人认为，汉尼拔之所以兵败罗马，其原因主要是战略上的致命错误，那就是没有适时地将打击的重点放在攻占罗马城上。坎尼战役胜利后，罗马早已失去有利局面，整个半岛大部分不受罗马控制，罗马城也几乎成为空城，如果汉尼拔趁军队士气正旺时攻打罗马城，一定能成功。而汉尼拔却没有选择攻打罗马城，使罗马人保住了重建军备的基地，如果这样，其他尚在坚持的罗马城堡也有了精神寄托。汉尼拔在战略上的错误是不可弥补的，因为类似坎尼战役的这种良机在以后再也没有出现过。罗马城是这场战争的关键，罗马人守住了它也就赢得了胜利；迦太基人忽视了它也就导致了战争失败。汉尼拔失败的根源正在于此。

## 原因之三：兵力布置

还有一种看法认为：汉尼拔兵力太少以及罗马改变了指挥方式造成了汉尼拔的失败。汉尼拔每占领一个地方，就会留一部分兵力守卫，当他要攻打新要塞时，兵力就减少了，他的一部分军队就是这样零敲碎打地被消耗掉了。而罗马人深知汉尼拔拥有超强的军事才能，他们避免与汉尼拔进行大规模的会战，在确保取得境内战场主动权的前提下，将优势兵力转移到没有汉尼拔的地方去。正是依靠这个决策，此后罗马军队入侵迦太基，并最终取得了战争的胜利。

然而，至今也没有一个全面合理的说法能够解释汉尼拔为什么兵败罗马。自公元前195年起，汉尼拔离开祖国一直流亡于西亚，并于公元前183年死于小亚细亚的比提尼亚。

56

## 悬疑奇案

# 拿破仑死因之谜

提起拿破仑，可谓无人不知，无人不晓。他那杰出的军事才能和顽强不屈的意志都给世人留下了深刻的印象。而他那一句"不想当将军的士兵不是好士兵"的名言，更是激励了无数热血男儿。

### 拿破仑传奇的一生

皎洁的月光下，一名哨兵在站岗时不小心睡着了，当他猛然醒来时，发现身边正有人在替他站岗，手中拿着他的枪。哨兵感觉这人有点儿眼熟，他揉揉眼睛，"上帝啊！"哨兵认出了拿破仑那张轮廓分明的脸，他"扑通"一声跪倒在地，惊恐和绝望使他不敢抬头。

"朋友，"拿破仑说，"这是你的枪，你辛苦了。我正好不困，就替你站了一会儿，下次你可要小心。"

此后，这支部队在 4 天之中行进了一百多千米，进行了 3 次战斗，但没有任何一个士兵因此而抱怨过。

当时拿破仑只有 27 岁，作为法国意大利军团总司令的他是第一次率兵出征。他在一年时间里，带领 43 000 名士兵打了 65 次胜仗，

俘敌 16 万，迫使奥地利在《坎波福来奥和约》上签字。从此，拿破仑令世人刮目相看。

1798 年 5 月 19 日，拿破仑作为远征军总司令出征埃及，想要实现他儿时的梦想。他占领了马耳他岛，征服了上、下埃及，进军叙利亚，消灭了两支土耳其军队，还洗劫了巴勒斯坦等地。在这场与英国争夺殖民地的战争中，拿破仑大获成功。就在这时，法国政局动荡不安。在国

内，西部和南部发生了封建复辟势力的叛乱，人民的反抗情绪也日益高涨；在国外，俄、奥、英等六国又组成了"反法同盟"，从三面向法国发动进攻。在这种形势下，法国的督政府统治风雨飘摇，大资产阶级渴望着"铁腕人物"和"利剑"来保障其政治上的特权和经济上的利益。

而拿破仑此时也在心中设定了这样一个目标，那就是要回到巴黎夺取政权，然后挽救整个法兰西。

为此，他毅然丢下了在埃及的2万法军，只率领500名亲信随从，巧妙地绕过英国海军的严密封锁，经过了40个昼夜的艰苦航行，突然出现在巴黎街头。巴黎人民因此而欢呼沸腾，欢庆持续了3天3夜，市民们欢乐游行；巴黎卫戍部队高奏军乐，整个巴黎都在欢迎拿破仑归来。1799年11月9日（法历雾月18日），拿破仑在大资产阶级的支持下发动了"雾月政变"。

当圣克卢议会正在举行会议时，拿破仑率兵闯入了议会大厅，尽

管在这场对峙中他有些惊慌，不过他仍然镇定地保持常态。4分钟后，议员们就四散逃开了。

1804年，当了五年第一执政的拿破仑，通过各种手段，被参议院加冕为法兰西皇帝，建立了法兰西第一帝国。

从1799年执政到1815年，法国经历了6次反法联盟战争。其中有许多战役都显示出拿破仑卓越的军事才能，奥斯特里茨战役就是突出的一例。这一战摧垮了第三次反法联盟；也是这一战，使英国首相皮特心

力交瘁，一病不起，几个星期后就逝世了。临终前，皮特首相要人摘下挂在墙上的欧洲地图，悲伤地说："卷起来吧！今后 10 年不需要它了。"

1815 年 6 月 18 日，著名的滑铁卢战役爆发了。拿破仑因此战役而走向了他政治生涯的终点。当时英军在威灵顿公爵的指挥下，勉强顶住法军排山倒海般的进攻，已到最后极限。此时，威灵顿公爵的援军布吕歇尔率 3 万部队及时赶到，而拿破仑的援军却迟迟不来。在联军的全面反攻下，拿破仑仓皇逃回法国。

一切都结束了。1815 年 6 月 22 日，在议会的逼迫下，拿破仑签署了退位诏书，结束了法国历史上的"百日王朝"的统治，拿破仑被流放到遥远的圣赫勒拿岛。

在圣赫勒拿岛上，拿破仑被严加看管了 6 年。1821 年 5 月 5 日下午 4 时 45 分，拿破仑逝世。拿破仑的一生充满了传奇色彩，给人们留下了太多的意外，太多的迷惑。其生前如此，死后也不例外。

## 探究拿破仑死因之谜

拿破仑死后，根据他的遗愿，他的私人医生安托马什及其他六名医生为他做了尸体解剖。在医生们提交的四份解剖报告中，虽然他们个别意见不统一，但有一点却是一致的，那就是拿破仑胃部靠近幽门的地方有溃疡，换一种说法就是拿破仑可能死于胃癌，而且有关人员在研究拿破仑家族病史时发现，拿破仑的父亲就死于胃癌。所以这一说法也不无可能。

1982 年，瑞典毒药学家斯坦·福舒夫伍德出版了名为《谁是杀害拿破仑的凶手》一书，引来了世人的关注。在书中，作者把拿破仑的死因归为"慢性砒霜中毒"。因为在 1840 年，法国人在把拿破仑的尸体运往巴黎时发现，拿破仑的尸体虽然在地下被掩埋了二十多年，但却完好无损。后来有科学家设法弄到了拿破仑的头发，发现其中砒霜的含量高于人体正常值 13 倍。因为，砒霜这种剧毒物既可以要人的性命，也可以保护遗体。研究发现，拿破仑身边的随从蒙托隆最为可疑，他可能受路易十六弟弟的指使，向拿破仑的葡萄酒中滴入小剂量的砒霜，致使其慢性中毒身亡。

拿破仑是一位伟大的人物，也是一位神秘的人物，更是一位被众多谜团笼罩的人物。人们愈是想揭开他神秘的"面纱"，愈是感到迷雾重重。

## 悬疑奇案

# 加加林死因之谜

宇航员阿列克赛耶维奇·加加林是世界的骄傲，他成功地飞上太空，让人类从此认识到地球以外的世界。但是，这位勇登太空的英雄却死于一次普通的飞行训练，这其中是否隐藏着不为人知的秘密呢？

1968 年 3 月初，加加林开始了他新的单飞训练。按计划，从 3 月 13 日到 5 月 22 日，他将乘米格－15 歼击教练机飞行 18 次，总共历时 7 个多小时。

### 悲剧发生于瞬间

1968 年 3 月 27 日，加加林计划绕圈飞行两次，每次需飞行 30 分钟。9 时 15 分，他和副驾驶员谢烈金开始了飞行前的准备工作，飞行准备工作完全按照当时已有技术条件下的操作规程的要求进行。

经过仔细的检查工作，他们在飞机准备程序簿上签了字。而后，加加林和谢烈金进入驾驶舱。10 时 19 分时，飞机正式起飞。

刚开始，飞行得很顺利，飞机飞行得很平稳。到了 10 时 30 分，加加林请示地面指挥塔，准许他们取航向 320°返航，指挥塔台批准了他们的请示。

于是，加加林准备从 70°航向向 320°航向下降转变。当飞机飞出低层云时，飞行倾斜角已达到 70°—90°，几乎就是垂直俯冲下坠，而且离地面只有 250—300 米。两位飞行员紧密配合，想把飞机从俯冲状态中挣脱，但是没有成功，飞机一直在下坠。10 时 31 分，无线电通信中断，可怕的事故发生了。

### 人们对飞机坠毁的原因猜测不已

飞机坠毁后，现场立即被封锁起来，相关人员匆忙赶到，进行拍照测量，并搜集飞机残骸，用于事后研究。政府还特别成立科技鉴定专家小组来调查这起事故。

对这一事故，政府和各界人士都非常重视。人们也是非常震惊，拥有丰富飞行经验的加加林怎么会死于这样一场普通的飞行训练呢？

人们似乎还能想象出他在宇宙飞船中自由自在的样子。随着调查的深入，人们的疑惑也越来越多。根据调查显示，飞行员训练、组织、飞行安全和飞行准备完全是严格按照要求进行的；飞机上的设备没有受到任何毁坏，也没有出现什么故障；飞机没有发生起火，也没有发生爆炸，防火系统在飞行时没有使用；飞机上的电路畅通，氧气系统完好无损；发动机在与地面相撞时仍在工作；飞机上没有发现任何零件和结构元件陈旧磨损的痕迹。在当时，米格－15歼击教练机的性能首屈一指，而且在技术装备上也是十分先进的。

然而，究竟是什么原因导致了这次令人痛心的事故呢？人为的可能可以排除吗？

对此医学专家专门进行了详细的分析与研究，结果证实：加加林在死前并没有出现中毒、催眠等现象，在死前一分钟他仍然处于完全清醒的状态。

这次事故因为时间的流逝而成为谜案，但愿我们还能够找到更多资料来解开当年的谜。

## 悬疑奇案

# 苏格拉底的死因之谜

苏格拉底是世界古代历史上最著名的思想家之一，曾被后世誉为"希腊的耶稣""西方的孔子"。然而，他的死因却是众说纷纭，众多的假设实在让后人难以捉摸。

公元前399年，希腊雅典的一个普通法院里，已经七十多岁的苏格拉底被作为政治犯接受法庭的审判。他的罪名是"亵渎神灵，蛊惑青年""煽动反民主情绪"。面对法庭的审判，苏格拉底慷慨激昂，侃侃而谈："雅典的兄弟们，我敬爱你们，但是我将服从的是上帝，不是你们，只要我有生命与力量，我将永不停止宣扬与传授哲学……我是上帝派遣给雅典城的牛虻，我们的国家像一匹硕大高贵的骏马，它由于体积大、行动迟缓，需要时时叮咬它，这样才能使它精神焕发。所以我总是跟着你们，说服你们，并且在你们办事不公正的时候责备你们。"但是，雅典这匹"骏马"却不喜欢牛虻的叮咬，执意想把这只"牛虻"消灭掉。30天以后，苏格拉底镇定地喝下了当局为他准备的毒酒，安然辞世。

### 一代大哲学家诞生

大约在公元前469年，在希腊雅典城邦一个普通石匠的家里，一个男婴来到了世上，他被取名为"苏格拉底"。在他成长过程中，伴随他的是希腊连绵不断的战争，他曾经多次参战，并从中悟到了更为深刻的思想。因此，他不像前代的哲学家们那样整天坐在书斋里苦思冥想，而是把眼光从茫茫宇宙转向了芸芸众生，积极地融入社会，向社会传播他的哲学思想。传说中，苏格拉底其貌不扬，不

修边幅，他经常光着一双脚，穿着一件破旧的长袍，为此他还得到了一个"雅典的小丑"的绰号。白天，他很少待在家中，而是频繁地出现在公共场所。苏格拉底早晨去运动场散步，上午又踱步于集市，他所到之处必是人数最多的地方。他在与各类人的接触中学到很多，同时对自身的思想产生了极大的影响。

苏格拉底的一生都爱好智慧、追求智慧，他是第一个把"人"自身列入哲学命题的人，"认识人类自己"，从他开始成为哲学的中心主题之一。哲学不再高高在上，而是进入了普通人的日常生活中，成为在俗世中检验生命、伦理和善恶的真谛。他提出"知识即美德，无知即罪恶"，主张"真知必行""知行合一"。他反对人们追求物质享受和社会地位，认为人应该注意自身的素质和德行的完善，过一种文明而简朴的生活。他主张社会各行业均应该让有专长的人来管理，甚至国家政权也不例外。

此外，苏格拉底还是一个著名的教育家，他看到母亲为人接生孩子，便得到启示，用启发式的教育方法，让学生表达自己的想法，他称自己是知识的"接生婆"。在他教过的学生中最有名的当数大哲学家柏拉图。

## 苏格拉底的最后审判

苏格拉底生前既有大批忠实的追随者，也有大批激烈的反对者。当他背负莫须有的罪名接受审判时，他的学生色诺芬和柏拉图在法庭上就对原告们提出的罪状进行了逐条反驳。但是一切于事无补，苏格拉底最终还是被认定有罪。雅典法律中有这样一条：被告被判决前，有权提出一种与原告不同的刑罚，法庭可以在二者中选出一个施行。而苏格拉底公开表示他的言行是有利于社会的，根本谈不上犯罪，他甚至认为，最合理的判决是让他终生在雅典卫城的圆顶厅享受国家提供的免费餐。在朋友们的规劝下，苏格拉底答应提出另一种刑罚，提议对他罚款30明那（当时的一种货币单位），这也是一种很轻的处罚方式。但是，也许他的言行使法官们大为恼火，他竟然被判处了死

刑，连他自己也没有料想到会是这样的结果。雅典人民也为之惊讶。

宣判那天，恰逢雅典的一个祭祀日，按照当时的法律，祭祀日是不能处死犯人的，于是苏格拉底又多活了 30 天。这一段时间，他过得很平静，他的朋友们买通了监狱看守，制订了越狱计划，极力劝他逃走，但他拒绝了，他认为自己应该服从国家的法律。"无论如何，别人不义地把我处死，我自己有什么理由因此而自惭形秽呢？不光彩的不是我，而是那些定我罪的人。"

苏格拉底还是选择了服从法律。雅典人后来对处死苏格拉底大为后悔，便将起诉他的其中几个人也判了死刑，但是，这又有什么用呢？

### 人们对苏格拉底死因的猜测

1979 年 4 月 8 日，《纽约时报画刊》发表了著名记者斯东的文章。他认为雅典是欧洲思想、言论自由的发源地，不可能因为传播某种激进的思想，就把一个受人尊敬的大哲学家处死，真正的原因是苏格拉底犯下了其他不可饶恕的罪行。为了美化老师，他的学生色诺芬和柏拉图刻意隐瞒了一些重要情节。所以关于苏格拉底被处死的真正原因，后人也就无从得知了。

人们从苏格拉底坦然受刑的行为推测，他的死只能说是历史的悲剧。他选择了为信念而死，也许这样也算死得其所。但是，几千年后的今天，苏格拉底的思想仍然有着深远的影响，这也许就是对他最好的纪念。

## 悬疑奇案

# 文豪莎士比亚的身世之谜

莎士比亚被后人公认为人文主义文学的集大成者，并有"时代的灵魂"之美誉。他的作品具有深厚的文化底蕴。但是这样伟大的文豪，其身份却一直是文坛的一个谜。

### 贵族德维尔是真正的莎士比亚

威廉·莎士比亚是欧洲文艺复兴时期英国最伟大的剧作家和诗人，爱德华·德维尔是伊丽莎白一世统治时期的一名贵族。这两个人之间本来毫无关联。但是，一个文学组织却将德维尔这位贵族认定为真正的莎士比亚。消息一传开，世人都颇为震惊。

美国的一个名为"德维尔学会"的文学组织宣称，爱德华·德维尔伯爵才是被官方认定的莎士比亚 37 部戏剧作品的真正作者。"他是最适合这种工作的人，"德维尔学会秘书理查德·马利姆说，"他（德维尔）受过（相应的）教育，并有（相关）旅行经历，而平民莎士比亚并没有（这些背景）。"

几百年来世人一直对莎士比亚的作品存有怀疑，认为他的平民经历与他作品中描写的宫廷生活、上流社会生活以及其他国家的风土人情并不相符。因此，不断有人被提名为"真正的莎士比亚"，其中包括剧作家弗朗西斯·培根和诗人克里斯托夫·马

洛。一个文学组织甚至说莎士比亚的真实身份是一名女性，名叫玛丽·悉尼。这个文学组织说："如果你坚持认为埃文河畔斯特拉特福的威廉·莎士比亚是作家，你就扭曲了整个文学历史。"

德维尔是牛津十七世伯爵，比莎士比亚年长 15 岁，1550 年出生于赫丁厄姆堡。德维尔曾在牛津和剑桥大学求学，并在欧洲大部分地区旅行过。而莎士比亚则出生于沃里克郡斯特拉特福镇的一个平民家庭，生日是 1564 年 4 月 23 日。由于 13 岁时家道中落，莎士比亚不得不辍学经商，因此在斯特拉特福语法学校的学习经历就成了莎士比亚所受过的最高正式教育。莎士比亚于 1586 年左右前往伦敦。德维尔学会说，当时的莎士比亚身无分文，碰巧遇到了贵族德维尔，便幸运地充当了这位贵族的替身，为其讽刺作品和表演作掩护。

## 莎士比亚的本来面目

然而，莎士比亚出生地的基金会对德维尔学会的观点持完全否认的态度。基金会主席韦尔斯说："他（莎士比亚）那个时代有足够证据证明，莎士比亚是一位很被看重的作家，尤其是剧作家。"

韦尔斯还反驳德维尔学会关于莎士比亚"掩护"了德维尔的观点。他说，在莎士比亚时代"充满流言蜚语的戏院"里，这种欺骗手段根本不可能成功。而且，德维尔作为一个大忙人，却能"在各种各样的活动间隙写出如此多的杰作，这很荒谬"。

所有以上的猜测也仅仅只是猜测罢了，相信随着历史的前进，人们终会还原莎士比亚的本来面目。

## 悬疑奇案

# 戏剧之父——莫里哀死亡之谜

以喜剧《可笑的女才子》一举成名的莫里哀，一生写了大量喜剧作品。莫里哀还亲自出演了自己的剧作，据说，他临死前还在舞台上演出《无病呻吟》。对于莫里哀的死因，后人说法很多，难以定论。

法国著名喜剧作家、演员、戏剧活动家莫里哀（1622 年—1673 年），出生于宫廷陈设商的家庭。他从小喜爱戏剧，1658 年早期他发表了剧本《太太学堂》等，1664 年创作了《伪君子》《唐璜》《吝啬鬼》等不朽之作。他一生完成喜剧近三十部，这些作品表明了文艺复兴时期的人文主义思想，对欧洲戏剧的发展有深远影响。

1673 年 2 月 17 日，戏剧界、文学界的巨匠莫里哀辞世了，而他生前的辉煌成就与他死时的凄凉形成了鲜明对照。

### 欧洲戏剧史上的重要一员

莫里哀原名让·巴蒂斯特·波克兰，他是 17 世纪法国古典主义文学最重要的作家，古典主义喜剧的创建者。在法国，他代表着"法兰西精神"。18 世纪之后，莫里哀这个名字传遍了欧洲各国。他在欧洲戏剧史上的重要地位，仅次于莎士比亚。同时他更为世界戏剧艺术宝库增添了众多的珍宝。

莫里哀曾受过贵族教育，但在 1643 年他向父亲宣称放弃世袭权利，从事戏剧事业。他与贝雅尔兄妹等朋友创立"光耀剧团"在巴黎演出，并于 1644 年取艺名为莫里哀。但剧团经营惨淡，莫里哀也曾因负债而被控入狱。然而，他仍然不顾家庭的反对和社会上蔑视戏剧的风气，离家出走，这一走就是 13 年。在这 13 年中，他作为一个流浪艺人四处奔走，经历了百般磨难，但也正是这一过程，使他对法国社会和人民有了更深入的观察和理解，为他后来的戏剧创作带来了很大影响，也为他以后创作一系列很有影响的喜剧打下了基础。1658 年他重返巴黎。同年，莫里哀获得法国国王路易十四的赏识，并获准在小波旁剧院演出。但他又因演出《自负的女人》使部分贵族不满，于

是他在此剧院的公演遭到禁止。幸好得到路易十四的支持，使他得以转往皇宫剧院继续演出。此后，他一直在巴黎进行创作演出。在法国这样等级森严的国家，要想上演剧本，就必须经过长期的努力和斗争，因此他的创作进行得极为艰难，但他始终坚持着，直到生命终结。

莫里哀一生共留下33部剧作和8首诗，大多数是喜剧，其中比较著名的包括《可笑的女才子》《丈夫学堂》《太太学堂》《唐璜》《吝啬鬼》等，而他最后的杰作是谴责自私自利的资产者为了自己的健康而牺牲女儿美满爱情的《无病呻吟》。

文艺复兴时期，封建统治日趋衰亡，新兴的资产阶级正在崛起，莫里哀正是生活在这样一个时代。他的作品多反映的是丑态百出的剥削阶级，如昏庸腐朽的贵族、无病呻吟的地主、偷盗的僧侣、假冒"才子"的骗子、吝啬的放高利贷者、专门以剥削人为生的资产者……同时，他也将同情的目光投向劳动人民。但他还没有注意到正在形成的工人队伍，因此他笔下的正面人物，多是那些被剥削的仆人、佃户和工匠，他们总是以高超的手段使剥削者当场现形，让这些剥削者在观众的笑声中受到批判。莫里哀的创作已经跳出了古典主义的窠臼，有了多种多样的喜剧形式。

莫里哀的喜剧笑料，并不在可笑的对话与滑稽的情节上，而在于对社会陋习的讽刺，具有高度的艺术性和思想性。与法国古典主义戏剧家高乃依和拉辛相比，莫里哀的喜剧比前两位的悲剧更具有普遍性与生命力，至今，世界各地仍在上演着他的喜剧。

## 杰出的演员——莫里哀

以编剧的身份来说，莫里哀的作品创下了法兰西戏剧院自创办以来上演次数最多的纪录。法兰西戏剧院从 1680 年创立到 1978 年底，共上演莫里哀的剧作 29 664 场，名列第二与第三的分别是拉辛与高乃依的剧作，仅上演过 8 669 场和7 019场。

尽管莫里哀没有手稿留存下来，但作为一个作家，他仍被称为"法语创作中最全面而且最完美的诗歌天才"。

以一个演员来说，莫里哀宁愿放弃法兰西学院授予的"四十名不朽者之一"的荣誉，也不肯离开舞台。后来，法兰西学院在校内放置了一尊莫里哀的半身石像，石像上有这样一句话来描述他：他的光荣什么也不少，我们的光荣却少了他。

伏尔泰尊称他为："描绘法兰西的画家。"歌德对他的评价是："他是一个独来独往的人，他的喜剧接近悲剧，戏写得那样聪明，没有人有胆量模仿他。"

抛开他的才华横溢不说，莫里哀的逝世更让世人深为感慨。

1673 年 2 月 17 日，莫里哀的著名喜剧《无病呻吟》于路易十四时代在法国巴黎的王宫剧院公演。灯光将舞台照得通明雪亮，剧中主角阿尔冈由莫里哀本人扮演。这已经是此剧的第四次公演了，但是观众的情绪仍然很激昂，座席和包厢里到处都是人，整个剧院里人声鼎沸，灯光闪耀。年届 51 岁的莫里哀为了维持剧团开支，在那天仍然拖着病体亲自演出。从开场直到结束，他一直强忍着病体的疼痛，尽职地完成了演出。台下观众不时为他那精湛的演技报以阵阵热烈的掌声和欢呼声。莫里哀在舞台上一边表演，一边忍不住咳嗽、大声喘气，难受得眉头紧皱。开始观众还认为这是"心病者"的出色表演，而投以热烈的掌声。当最后一场演出时，莫里哀已经快支撑不住了，他忍不住抽搐了一下，细心的观众吃惊地发现了他的病态，莫里哀注意到了台下观众的反应，随即用尽全身力气，大笑一声掩盖了过去。演出结束后，他并没有直接回家

休息，而是来到后台，与观众交流，然后才回到家中。晚上10点钟的时候，他咳血不止，最终他在两位修女的臂弯里停止了呼吸。此时，他才刚刚下台不到3个小时。

莫里哀死后极为凄凉，因为他的艺人身份，天主教会不准人们为他举行葬礼，甚至连一块葬身之地也不给他。最后，国王路易十四出面，为他申请到一块小孩的墓地，他才得以安葬。

## 莫里哀的死因

后人十分关注这位喜剧大师的死因，并进行了多次探讨。对莫里哀的死，《不列颠百科全书》有过一段记述："1673年2月17日，莫里哀演出第九场《无病呻吟》时，在舞台上昏倒，被人抬到家中即与世长辞。"这里避而不谈莫里哀的真正死因，所以人们一直对此猜测不已。

很多人认为，根据莫里哀死时的咳嗽、喘气、咳血等病症，他应该是死于一种肺病。莫里哀年仅20岁就投入到了戏剧事业中，终其一生，创作了大量精彩的戏剧艺术作品。但是，几十年来他的生活却非常坎坷，而且他还受到许多复杂作品的艰苦磨难，这锻炼了他的意志，但也影响了他的身体健康。再加上在剧团中，他身兼编剧、导演和演员数职，长期紧张的工作使他积劳成疾，得了肺结核，过早地离开了人世。

另有一种观点是，莫里哀之死是晚年种种不幸和肺病共同所致。1671年冬季，他因积劳成疾染上了肺病，病倒了好几个月。1672年2月，莫里哀病情刚有所好转，更多的打击接踵而来：爱子去世，长期合作的伙伴玛德隆、贝扎尔也相继辞世。这一连串的打击令莫里哀悲痛不已，病情急剧恶化。但是他仍然没有放弃演出和创作，一直坚持到生命最后一刻。

还有一些人认为，是多方面的原因导致了莫里哀的死，绝非仅仅因为肺病。主要有以下几个原因：一是长期的创作、紧张的排演和疲劳的巡回演出；二是痛苦的流浪、家庭生活的不幸、艰辛的生活、晚年丧友丧子；三是激烈的竞争和错综复杂的政治原因，尤其是1672年冬他与老朋友音乐家吕理发生争执，国王路易十四也不再重视他，还免去了他文艺总管的职务。多种不幸使莫里哀的晚年更加凄苦，病情也每况愈下，最终病死。

莫里哀的死并不是单一原因造成的。他晚年经历的不幸太多，正是这些不幸的累积才导致了他积劳成疾，最终死于肺病。

## 悬疑奇案

# 裴多菲死亡之谜

曾经有一首名为《自由与爱情》的诗在中国广为流传，诗句为："生命诚可贵，爱情价更高。若为自由故，二者皆可抛。"而这首诗的作者裴多菲就是一个为"自由故"的革命者。

### 尸骨下落不明

裴多菲是19世纪匈牙利的伟大诗人和革命者。1849年7月，他在反抗俄奥联军的战争中不幸牺牲。不过也有人否认这种说法。因此，关于裴多菲的下落，一直是历史上的一个谜团。

1989年，一个名叫莫尔毛伊·费伦茨的企业家自愿出巨资，组建一支由匈牙利、苏联和美国专家共同组成的国际考察队，前往西伯利亚寻找裴多菲尸骨的下落。

考察队在莫斯科还碰巧遇到了一位名叫维若基尔的老人，他对队员们说起他10岁时，他的祖父曾对他说起过村里的一座墓地的来历，祖父说："这里埋着一位名叫彼得罗维奇（裴多菲，原名彼得罗维奇·亚历山大，后改成裴多菲·山道尔）的外国革命者，是个诗人。"

### 裴多菲遗骸的真假

考察队邀请老人随他们一起回到老人的家乡巴尔古津诺村。在当地政府的许可下，他们相继挖开了21座坟墓，但是并没有发现裴多菲尸骨的下落。

1989年7月17日，在挖出又一座墓中的头骨时，匈牙利的基塞伊教授一眼就断定它是裴多菲的遗骸。

从保存下来的裴多菲的照片、服装以及各种文字记载来看，这具尸骨完全反映了诗人生前的体征。但是，这具尸骨真是裴多菲的遗骨吗？

虽然专家们考证后一致认为是，但是仅凭一具辨不出模样的尸骨来下结论，似乎并不足信。但愿人们能早日揭开裴多菲死亡的真相。

## 悬疑奇案
# 普希金死亡之谜

　　普希金在文坛上的地位非常高，后人对他的赞誉很多。他被称为19世纪俄罗斯伟大的民族诗人，俄国浪漫主义文学的主要代表和俄国批判现实主义文学的奠基人。这样一位伟大的诗人却离奇地英年早逝。

### 为爱而战的普希金

　　1837年2月，俄国著名诗人普希金在与情敌丹特斯的决斗中身亡，俄国文坛从此陨落了一颗巨星。人们为这位英年早逝的诗人哀痛，纷纷缅怀他，但同时，人们也为他的死感到疑惑，于是各种猜测纷纷出现。

　　年轻的普希金风流倜傥，才华横溢，与莫斯科的绝色佳人冈察洛娃相遇后，二人便一见钟情，共同坠入爱河，不久之后便结为夫妻。然而几年后，不幸的事情发生了。普希金发现乔治·丹特斯纠缠自己的妻子，普希金觉得自己的名誉与尊严被践踏了。为了挽回声誉，他要与丹特斯决斗。可是，在决斗现场，丹特斯趁普希金尚未准备好之际就先开了枪，普希金被伤到了要害，不久，他就因伤势过重而不治身亡。

### 普希金是否真的死于一场阴谋

　　普希金难道真的是死于情场上的一场决斗吗？有关专家经过对史料的分析研究后，得出这样一个结论：普希金并不是偶然中枪身亡，这一切都是一场阴谋。

　　原来沙皇尼古拉一世在此之前，就已经觊觎普希金妻子冈察洛娃的美色。丹特斯受沙皇指使，在各种公开场合引诱冈察洛娃并蓄意要把普希金惹怒，激他与之决斗，然后趁此机会杀掉他。

　　但是以上种种仅是猜测，关于普希金死亡的幕后真相，世人无法得知，他在事业的辉煌之时却意外离世，这不能不说是全世界的遗憾。只希望他死亡的谜团能早日破解，还原历史的真实面目。

**悬疑奇案**

# 托尔斯泰晚年离家出走之谜

1910 年冬天的一个早晨，在梁赞至乌拉尔铁路沿线的阿斯塔波沃车站里，有人在候车室的椅子上发现了一位病重去世的老人。经过调查，人们惊讶地发现，这位老人原来就是大名鼎鼎的列夫·托尔斯泰。

## 晚年的托尔斯泰在思想上的巨大转变

列夫·托尔斯泰是俄国著名的大文豪，其一生创作颇丰，影响深远，在文学界有着举足轻重的地位。然而，这位享誉世界的作家在晚年却做了一件让世人皆惊的事——离家出走。要想探究他离家出走的真正原因，还要仔细研究他晚年的思想变化，这一点至关重要。

晚年的托尔斯泰笃信宗教，而且宗教观、社会价值观都发生了很大变化。73 岁时，托尔斯泰回到了故乡雅斯纳雅·波良纳庄园。

托尔斯泰积极改变自己的生活方式，甚至开始折磨自己，想要以此来减轻内心的负疚感。他不再出席各种聚会，开始厌恶人情世故。反而穿戴得如同农民一样，与他们一同在田里劳作。后来他更是遣散了他手下的农民，并且将田地分给他们。对于著作的版权，他也无偿地捐给社会。

托尔斯泰不顾妻子反对公开发表声明：从 1881 年以后他完成的任何作品，可以由任何人免费出版。

## 重压之下选择离家出走

生活在这样一个等级分明的社会，托尔斯泰的亲人、朋友都不能理解他的举动，包括他的社会价值观、宗教观。

正在托尔斯泰受到了孤立与打击之时，切尔特科夫出现了。他用花言巧语取

得了托尔斯泰的信任，并在老人生命的最后9年里，在老人的众多家人、随从者中获得了最为特殊的地位。

但是，这个人用心险恶，他真正的意图是想要获取托尔斯泰作品的继承权。朋友们都看出来切尔特科夫居心叵测，只是没人敢直面托尔斯泰，告诉他实情。

妻子索菲亚也感到了切尔特科夫对她地位的巨大威胁，她对此非常痛苦，脾气也越来越坏，甚至把怒气全都撒在了托尔斯泰的身上。

1910年8月30日晚，他们又发生了激烈的争吵，索菲亚甚至冲动地说她并不是痛恨切尔特科夫，而是不能原谅托尔斯泰。对于妻子的愤怒与谴责，托尔斯泰采取的是宽容谅解的态度。在他人生的最后岁月里，他活得并不快乐，反而被种种责难包围。他忍受不了这种责难充斥他最后的岁月，于是选择了离家出走。

1910年10月28日早晨5点左右，托尔斯泰就带着私人医生离开了波良纳。在火车上，他病倒了，不停地咳嗽，并开始发高烧。他们在阿斯塔波沃车站下了车，7天后他就病逝在了这个荒凉的小站里。

很多专家和学者都曾专门研究过托尔斯泰离家出走一事。究其原因，普遍认为是多种因素的累积才使他做出了离家的决定。但是托尔斯泰为何选择这个时候离开，他为何在病重时仍不愿回家？这一直是一个谜。

悬疑奇案

# 莫扎特死因之谜

莫扎特是一位创作了无数传世名曲的音乐大师。这位音乐大师的一生却如流星般绚丽而短暂。而他短暂的一生里却充满许多神秘，长久以来，人们一直对他的死因猜测不已。

## 音乐大师死于感染吗

奥地利音乐大师莫扎特于 1791 年 12 月 5 日死于维也纳，时年 35岁。二百多年来，始终没查出他死于何病，这位音乐天才的死因一直是西方医学界的一个难解之谜。

不久前，美国医学专家简·赫希曼公布了他的研究成果，他认为莫扎特是死于旋毛虫感染。赫希曼依据莫扎特在 1791 年 10 月 7 日给夫人的一封信中的几句话"我嗅到什么？猪排！那是何等美味"得出了上述结论。

赫希曼称这种猪排受到了旋毛虫的污染，当时曾有很多人因此患上了这种旋毛虫病。旋毛虫病的潜伏期可长达 50 天，而且会伴有全身发痒的症状。莫扎特的病情记录中也有类似症状，所以说他死于旋毛虫病是有其合理性的。

然而，德国著名毒物理学家莱因哈德·卢德维希教授却对上述结论深表怀疑。卢德维希将这一结论称为是"迄今为止众多有关莫扎特死因猜测中最可笑的一种"。这位国际知名医学专家、德国莱比锡大学临床药理学研究所的创建人认为，赫希曼所提出的支持其结论的依据"实在太牵强了"。

## 真实死因无据可查

数十年来，卢德维希因一直从事对莫扎特死因的研究而享誉世界。他说，专家学者们都是从同样的原始资料出发来推测莫扎特的死因的，但结论却花样百出。

这主要是因为："原始文件不完整，有些甚至是虚假的，有的内容还相互矛盾。"此外，他补充说，还有一个重要因素使得专家学者

们对其死因的意见不统一，"我们没有对莫扎特进行过尸检，而且现在也不可能这样做，因为我们不知道莫扎特骨骸的下落"。

如今，尸检已作为最重要的死因依据用于现代医学和解剖学中。2003年，美国科学家正是通过对贝多芬头发进行检测，发现其中铅的含量超出人体可承受标准数百倍，从而推测，贝多芬很可能是由于经常饮用含有铅毒的葡萄酒，最后因铅中毒而死亡的。但是如今的科学家们手里一点关于莫扎特的资料也没有，哪怕只是莫扎特的一根头发。

卢德维希教授指出，莫扎特在孩提时代就经常吃药，去世前几个月他更是不断地看病吃药，但到底他患了什么病，却没人知道。

据人们目前掌握的材料来看，莫扎特的死因仍不能有一个明确统一的答案。我们一起期待谜底被揭开的那一天吧。

悬疑奇案

# 柴可夫斯基死因之谜

柴可夫斯基的身上似乎从来不乏戏剧性。他凭借伟大的音乐作品赢得了国际声誉，却在人气急升的时候突然辞世。是天妒英才还是其自杀身亡？而《第六交响乐》又为他的死增添了一丝神秘。

## 《第六交响乐》与大师之死

俄国著名音乐大师柴可夫斯基于 1893 年 11 月 6 日凌晨突然结束了他辉煌的一生。这一年是音乐家的个人声誉急剧提高、事业蒸蒸日上的时期。他的溘然长逝使人们对他的神秘死亡充满了好奇。

1893 年 11 月 18 日，柴可夫斯基创作的《第六交响乐》第二次公演，取得了巨大的成功。人们被音乐中流露出的悲伤气氛所感动，仿佛从音乐中可以感觉到他死亡的预兆，也因此更加深了对柴可夫斯基内心世界的关注。《第六交响乐》似乎成了柴可夫斯基"自杀"的"预言"。因此，柴可夫斯基的"自杀"也被传为奇闻。他创作《第六交响乐》，原意是想献给自己的外甥费拉奇米尔·达维多夫的。然而，命运却这样捉弄了他，这支交响乐同他自己的死亡联系在一起，显得更加神秘。后来，有人发现一份相传为柴可夫斯基写的"秘密标题"的草稿，上面有这样一句话：这支交响乐的最终本质是生活。第一部分——冲动的热情、信心和渴望活动，必须短（终曲：死亡——崩溃的结果）；第二部分——爱；第三部分——失望；第四部分——以死亡为终结

（也要短）。所以，人们认为，柴可夫斯基是自杀的，这支交响乐就是最好的证明。

但是，另有一些人认为，虽然柴可夫斯基确实试图自杀，而且他的《第六交响乐》的主题也是悲剧性的，然而《第六交响乐》却绝不是作者为自己"自杀"所写的"挽歌"。因为，1893年这一年，是作者获得极高荣誉的一年，人们不相信他会在此时选择自杀。5月29日，他到伦敦参加英国剑桥大学音乐社成立50周年纪念大庆。皇家爱乐音乐会于6月1日又演奏了他的《第四交响乐》，使他获得了国际声誉。6月13日，英国剑桥大学授予他音乐名誉教授称号。正是由于这份喜悦才使他创作出《第六交响乐》，因此不可能日后又选择自杀。

## 疾病说

事实上，柴可夫斯基应该是死于疾病。11月1日傍晚，他与朋友共进晚餐，并酗酒直至凌晨2时。第二日早晨，他开始失眠，吃不下东西。午后，他喝了一杯生水，就再也没有好转的迹象，最终于11月6日不幸逝世。根据彼得堡的优秀医生——勃廷逊兄弟的诊断，柴可夫斯基确实是死于霍乱。

当然，声名显赫的柴可夫斯基究竟是自杀，还是因为疾病而死，现在我们都无从得知了。后人也只能用哀思来表达对这位大师的怀念之情。

## 悬疑奇案
# 凡·高开枪自杀之谜

　　1890 年 6 月 29 日，现代印象派画家凡·高自杀了。自此，美丽的《向日葵》成了人间绝唱。就这样，世间少了一个艺术天才，却多了一桩离奇悬案……

### 早逝天才

　　现代印象派绘画艺术的杰出代表——凡·高，具有非凡的艺术才能，他的绘画作品在他死后才被世人视为珍品，他也由此享誉全球。然而凡·高命途多舛，贫困、疾病、饥饿以及怀才不遇使得他的境遇十分凄惨。最终，在1890 年 6 月 29 日他开枪自杀，因伤重不治而亡，年仅 36 岁。

　　如今，欣赏印象派绘画的人越来越多，人们对凡·高也倍加关注起来。但是，关于凡·高因何而自杀却存在着多种猜测，是什么让他精神失控，做出极端行为？他的内心世界又是怎样的呢？

　　对这个问题的探讨早已在文化界、艺术界乃至化学界、医学界的专家和学者中激烈地展开了。

### 是中毒还是生活压力

　　从不同的角度出发，学者们提出了许多不同的观点。这些观点一般分为两大类。第一类是由医学界、化学界的专家所持的自然原因观点。他们从凡·高的生前嗜好、日常活动和生理疾病着眼，做出了不尽相同的解释。有些说法是：凡·高有着很多不良生活习惯，例如他非常爱喝艾酒，这种酒含有岩柏酮，对人的神经组织有很大危害，凡

·高正是因为长期饮用这种酒，神经系统出现问题，以致后来失控自杀。有大量的证据表明，凡·高体内含有相当惊人的高浓度的岩柏酮。他去世一年后，他的棺椁就被种植在他坟墓上的一棵喜欢岩柏酮的小树的树根紧紧包裹起来，后来为他移坟的人被迫将此树一起移走。也有人认为，凡·高患有癫痫，为了治疗而长期使用对神经系统有麻痹作用的药物洋地黄，最终因药物中毒而导致神经损坏。

第二类观点认为，凡·高之所以精神失常还有社会因素。一种说法是：凡·高精神崩溃而自杀是因为他对心理疾病和自身生理感到恐惧和羞愧。他们据资料得出：凡·高不仅有严重的青光眼，而且身患梅毒症。他对自己的身体状况非常了解，而失去视力则意味着告别绘画。同时，凡·高还存在着"恋母情结"，这给他带来很大的精神压力，终使他不堪重负而崩溃。也有很多的艺术界、文学界人士是从思想方面找寻原因的。他们说凡·高短暂的一生却经历了最坎坷的生活。凡·高先后从事过九种职业，辗转各地，然而他却不被社会认可，生活艰辛而失落。他渴望去拯救那些劳苦大众，可现实总是粉碎他的理想。这就足以使他对生活产生绝望。凡·高拥有非凡的艺术天分和高超的创作水平。他真正绘画的时间不超过7年，但作品数量众多，并且水平很高。但是，同时代的人并不欣赏他的创作，他几乎没有卖出过一幅画，以至于他不得不依靠弟弟的资助来维持生活。他本来已经非常脆弱的神经被这些无情的现实重重地撞击着，终于他不堪重负，才选择用自杀的方式逃避这个没有给他带来任何温暖和快乐的世界。

从每个侧面入手都不足以说明凡·高自杀的原因，也许他的死是多方面的综合因素累积导致的。无论如何，这位画家总算在死后能够安息了。他的才华和作品也得到了社会的认可，并且将继续流传下去。

## 悬疑奇案

# 毕加索的死因之谜

毕加索的一生充满争议。他的艺术作品令人啧啧称奇；他那放荡的生活也一直为世人诟病。而这位毁誉参半的艺术大师的死因更是一个谜。画家是死于纵欲，还是抑郁而终呢？

### 毁誉参半的艺术大师

毕加索是 20 世纪绘画史上拥有极高声誉的画家，他的作品既继承传统艺术，又具有独创性，成为世界艺术瑰宝。这位具有无穷创造力的人，有着鲜明的个性。为逃避人们的拜访，他长期居住在山顶的一座别墅里，过着隐居生活，从不接见不速之客。在生活中他常常搞些恶作剧，出些小花招，为人怪异。正是这些个性，使得他的死因令人们猜测不已。

希腊女记者阿里亚娜·斯特拉辛奥波洛斯·赫因汤于 1988 年 6 月在美国出版了《毕加索——创造和破坏者》，书中向大家揭示了这位艺术大师的一些奇闻逸事。她揭示了毕加索性格中的许多缺点，例如为人专横粗暴、不负责任、自私自利且诡计多端。阿里亚娜还写道："毕加索在巴黎大街与一名 17 岁的少女玛丽·特里萨·沃尔特相遇，并对她说：'我是毕加索，您和我在一起会成为名人的。我们在一起一定会快乐的。'"他和妻子奥尔加科拉瓦度假时，让玛丽也住在附近。白天让玛丽当模特

儿，晚上常常伺机与她约会。后来，玛丽也遭到了无情的抛弃。总之，毕加索是一个行为放纵的人。如果说他死于纵欲，确有根据。

在《住宅与庭院》杂志上，艺术史学家和传记作家约翰·查理森曾披露：在 1915 年—1916 年，毕加索曾与一位名叫加布里埃尔·德佩尔·莱斯皮纳斯的巴黎妇女有过一段鲜为人知的罗曼史。查理森说，最令人惊奇的是毕加索曾在一张纸上写道："我已请求善良的上帝允许我向你——莱斯皮纳斯求婚。"此事也为纵欲一说提供了有力的证据。

## 死因难以确定

还有的学者试图从艺术规律、艺术与女性的关系上对毕加索之死进行探讨。毕加索在其一生的创作当中从无数个女人身上获得过灵感。感情因素在促成艺术家创作力爆发的各种因素中是一根"导火线"，毕加索在与他的最后一任妻子雅克琳结婚之后又重新焕发了青春的活力。在毕加索生命后 10 年的创作中，一直交织着婚后生活的幸福、妻子的鼓励以及死亡来临的幻影。但是据学者、专家考证，在毕加索生命的最后一年，他所钟爱的雅克琳患上了精神病，这使他感到无比痛心，而且严重地影响到他的生活和创作。从历史来看，任何一个艺术家在经历创作高峰期后，都会无可避免地走下坡路，毕加索也不能逃脱这种规律。而实际上，毕加索最后几年的创作也充分证明了这一点。这两个原因，对毕加索的打击很大，也许他就是在这种氛围中抑郁而死的。

但是，这一观点仍然缺少根据。因为毕加索生性古怪，很少谈论自己的事情，致使许多生活真相被湮没了，他的死亡报告也并不详尽，所有这些都使得我们对毕加索的死因无法知道得更多。

# 世界历史悬疑奇案

SHIJIE LISHI XUANYI QI'AN

## 政治军事

## 悬疑奇案

# 特洛伊战争真伪之谜

特洛伊王子帕里斯到斯巴达王宫做客，与斯巴达王后海伦一见钟情，这位全希腊最美的女子与帕里斯私奔到特洛伊，因此，斯巴达国王与阿伽门农组织希腊联军攻打特洛伊，从而引发了特洛伊十年战争。

《荷马史诗》的巨大影响力让很多人都知道了"特洛伊战争"，那么这场战役在历史上是否真正发生过呢？对此考古学家们颇为疑惑，因为他们尚未找到证实"木马屠城"历史事件的证据。长期以来对特洛伊战争是否真实发生的问题人们一直争论不休。

在过去的十几年中，来自近20个国家的三百五十多位科学家和技术专家参与了一项对特洛伊遗址的考古发掘工作。特洛伊遗址位于今天土耳其的西北部，从公元前3000年早期青铜时代开始，直到公元前1350年，这里一直是文明的发源地。考古项目的负责人曼弗雷德·科夫曼说这次考察活动的主要任务就是验证特洛伊战争的真实性。

### 一座失守的古城

科夫曼说，根据考古遗迹推论，特洛伊城大约是在公元前1180年被摧毁的，大概缘于一场战争。考古人员在遗址处发现如火灾残迹、骨骼和为数不少的散置的投石器弹丸等大量相关证据。

正常来讲，战争结束后若守城的一方胜利，他们就会把投掷的石块等武器重新收集起来留作后用，而如果是攻城的一方胜利是不会

做这种费力气的收集工作的。当然，发现的遗迹虽能证明这座城市有过战争的经历，但却未必就是《荷马史诗》中的特洛伊战争。考古学家还证实，这座城市被攻陷的几十年后，一批来自黑海西北地区或者是巴尔干半岛的新移民就定居到了那时已经是残破不堪的城市中。

在考古学界公认的看法是，这些遗迹与《荷马史诗》中所提到的那个伟大城市没有任何关系，作为考古对象的那座古城，在青铜时代晚期已没有任何战略意义，因此不可能是特洛伊战争的古战场。

而科夫曼认为，对欧洲东南部地区新的考古研究将纠正这些看法。

## "人神大战"的真实还原

科夫曼指出，以当时那一地区的标准来看，特洛伊城称得上是一个规模很大的城市，有着极其重要的战略地位。它是连接黑海地区和地中海地区以及连接东南欧和小亚细亚的战略中枢。在当时的东南欧地区，特洛伊城的这一战略中枢位置是无可比拟的。特洛伊城不断受到军事攻击，它不得不进行自我防卫，并且一再修复、扩大和加强其工事。这在留存到今天的遗址上，还有明显的痕迹。考古挖掘还证实，特洛伊城比先前一般认为的规模要大 15 倍，今天遗址覆盖面积就有 303 643.72 平方米。科夫曼推断，当年荷马必是自以为他的听众

都了解特洛伊战争，所以这位游吟诗人才会夸张地刻画阿喀琉斯的愤怒及其后果。荷马把这座城市和这场战争进行艺术的加工处理，演变成一场伟大的人神大战。然而，在考古学家看来，《荷马史诗》的真实性还可以在另一个层面上得到证实：荷马和那些向荷马提供"素材"的人，可能是在公元前 8 世纪末"见证"过特洛伊城及那片区域的人，这个时期也是史学界认可的《荷马史诗》的形成时期。

科夫曼认为，可能在荷马生活的那个时期，特洛伊城就已经

变为废墟，但是留存到今天的这一伟大之城的废墟也足以让人震撼。生活在当时或那之后的《荷马史诗》的听众，如果站在距特洛伊城不远的高处鸟瞰，应该能一一辨认出在《荷马史诗》中描写的建筑物或战场的遗迹。

## 新证据的发现

尽管特洛伊位于安纳托利亚（小亚细亚的旧称），但两位特洛伊考古活动的先驱——德国考古学家谢里曼与卡尔·布利根却坚持这样一种观点：特洛伊是希腊人的特洛伊。

但科夫曼指出，这种观点是错误的，两位德国学者的考古研究仅涉及在"西线"从希腊到特洛伊的考察，却没有兼顾在"东线"对安纳托利亚地区的整体考察。

科夫曼认为，随着考古研究的不断深入，学者们几乎可以肯定，青铜时代的特洛伊与安纳托利亚的联系是相当密切的，这种密切程度要超过它与爱琴海地区的联系。在特洛伊出土的重量达一吨以上的陶器以及刻有象形文字的印章、泥砖建筑、火葬现象，都可以验证特洛伊的真实性。

对安纳托利亚地区的研究证实，这座今天被称为特洛伊的城市在青铜时代后期曾兴起过一个强盛的王国——威路撒。赫梯帝国和埃及都与威路撒有着密切联系。据赫梯帝国的历史记载，在公元前13世纪—公元前12世纪早期，他们和特洛伊城之间的政治和军事处于剑拔弩张的态势。

这个时期正是《荷马史诗》所描述的发生特洛伊战争的时期。

## 尚无定论

几十年前，那些坚持特洛伊战争真实性的学者们可谓凤毛麟角，他们的学说曾被主流学术界所嘲笑。然而，随着近年来相关考古活动的不断证实，当年的少数派如今成了多数派。现在那些坚决否认特洛伊战争真实性的学者只能用一句"特洛伊没有任何战略意义"来支撑他们的观点，这很显然是一种牵强附会的说法。

科夫曼说，现在历史学界基本上已达成共识，在青铜时代后期的特洛伊曾有过几次规模不等的战争。然而，我们还不能确定《荷马史诗》中的"特洛伊战争"是不是对这几次战争的变形描绘，这场在人们心中流传已久的大战是否发生过，仍是一个未解之谜。

## 悬疑奇案

# 古罗马军队为何能横行欧亚

罗马帝国的成就一直为人们所景仰。然而原本是一个小国的罗马如何能打下大片疆域，成为一个地跨欧、亚、非的帝国。这个千古之谜一直引人猜想。

### 罗马军团横行欧亚

罗马人从公元前6世纪起就开始驱赶伊鲁特里亚人，建立自己的国家。罗马的建立改变了后来欧洲乃至西亚和北非地区的格局。古罗马拥有当时世界上一支很强大的军队，最初军队仍保留着伊鲁特里亚人曾用过的由圆形盾牌和投矛武装的重甲步兵组成的方阵模式，此后它才开始逐渐向正规化部队靠近。

在与拉丁同盟和意大利半岛其他部族进行的战争中，重甲方阵的内在局限性日益暴露出来。意大利凸凹不平的地势使得重甲方阵调遣起来非常艰难，而且方阵的两侧也经常会遭到没有统一作战规则的部族士兵攻击。所以，公元前4世纪初，更为灵活的军事组织——军团逐渐取代了方阵，而成为新的作战方式。军团的人数视条件而定，但它的主要战术结构保持不变。步兵根据年龄和经验排成三列：第一列称"哈斯塔迪"；第二列是"普林斯朴斯"，他们一般是年龄大约在30岁左右、服役7年的士兵；最后一列"特瑞阿瑞"是久经沙场的老兵，他们老练而成熟，可以鼓舞整个军队的士气。

只有第三列久经沙场的士兵使用长矛，第一列和第二列士兵使用重标枪。这

种标枪又称"皮鲁姆",长约2.08米。用力过猛时,枪尖时常会弯曲,枪头也因而折断,这种兵器也就不能再次使用了。此外,矛头也往往能够嵌入敌人的盾牌和盔甲中,令对手行动不便。第一列队伍在投掷完他们的标枪之后,就立刻挥剑冲入敌阵,进行近身肉搏。如果第一轮进攻失利,幸存者就会马上退向第二队列,由第二列接着发动更为猛烈的进攻。如果两次进攻都不幸失败了,幸存者将会退到第三列的后部,第三列就会收缩队形,举起长矛,提供一道安全的屏障保护部队安全撤退。

罗马人的战绩缘于他们人力的优势、灵活的战术和特殊的武器,但更重要的是取决于军团将士们的素质和忠诚。公元前200年希腊将领色诺芬回忆他的军队时曾说:"这样的人在战场上无往而不胜。"因为他们的军队面对强敌,毫不畏惧,沉稳镇定。

## 是战术优势还是武器先进

后来,军团的主要战斗武器是西班牙剑,估计是由在西班牙与迦太基人作战的军队带回意大利的。西班牙剑是宽身利刃剑,长约70厘米,主要为刺击而设计。据说这也是一件令罗马敌人恐惧的武器。

罗马人于公元前197年在色萨力的锡诺赛佛拉打败了马其顿方阵,对菲利浦五世的统治予以重创,同时这也预示着一个具有新式作战方法的强大帝国正在崛起。

战术结构的优越性是必须在实战中才能得以验证的。当时军队的作战方式受希腊重甲方阵的影响较大,而古罗马军团新的战术结构的发明者是谁?他又以怎样的军事理论或政治手段使古罗马统治者接受了新的作战方式?古罗马的历史悠久深远,现代人已无法得知当时的真相,而且史料上也没有明确的记载,这更使其成为千古之谜了。

悬疑奇案

# 罗马帝国覆灭之谜

　　罗马帝国的成就无比辉煌，而它的覆灭也令人充满疑惑。曾经无比强大的帝国为何变得不堪一击？它灭亡的真正原因又是什么？到底是蛮族大军将其打败，还是其他原因令它毁灭……

## 罗马帝国灭亡的标志

　　公元410年，哥特人首领阿拉里克率领日耳曼蛮族大军攻占了具有"永恒之城"之称的罗马城，西罗马帝国逐步走向了灭亡。在公元410年攻克罗马城以前，哥特人就已逐渐沿袭了罗马人的风俗习惯，而在边远地区居住的罗马人，几百年来也不断受蛮族文化的影响，同时日耳曼民族的罗马雇佣兵也日渐增多，他们对罗马当然不是忠心耿耿。那么他们又持怎样的态度呢？

　　公元410年阿拉里克攻克罗马，虽然这并不是对罗马帝国的致命打击，但这是罗马帝国800年来的第一次败仗，比起实际意义，罗马人心灵上的挫败感更巨大。因此阿拉里克攻克永恒之城在历史上一直被看作是罗马帝国灭亡的象征。

## 覆灭原因初露端倪

　　近年来的研究查明了公元5世纪哥特人毫不费力就攻克了罗马的真正原因。1969年—1976年，在英国南部赛伦塞斯特展开的挖掘工作中，研究人员在一座公元4世纪末5世纪初的罗马人的墓群里，找到了450具骸骨，多数骨头中的含铅量是正常人80倍之多，儿童骸骨

中的含铅量则更加厉害。这些人可能死于铅中毒。

罗马人对他们的优良供水系统引以为傲。供水系统通常都以铅管输送饮用水，同时罗马人用铅杯喝水，用铅锅煮食，甚至用氧化铅代替糖调酒。摄入大量的铅会导致全身无力，甚至丧失生育能力。即使吸收的铅含量微小，也会对生殖能力产生影响，所以罗马人很可能因为喝了含铅的酒和水而致死，从而致使帝国覆亡。但是，这种猜测还缺乏真实的证据来加以证明，还有待科学家的进一步考证。

铅中毒也不可能是罗马城于公元 5 世纪被攻陷的唯一原因。否则，东罗马帝国为什么能在西罗马被灭亡后，还能够继续存在 1 000 年呢？

的确，东罗马帝国仍然能存在的原因很多：边境线不长，较容易抵御，可避免外族入侵；同时，东罗马帝国国内治安维持较好。但有一件事情也引起人们的注意，即东罗马帝国境内的铅矿较西罗马少得多。罗马帝国灭亡的真实原因，我们仍不得而知，但是其中一定蕴含着很多秘密和谜团，相信有一天真相总会呈现在世人眼前。

悬疑奇案

# 英国成为海上霸主之谜

16世纪末，一场史无前例的海战在英吉利海峡上演。自此，西班牙一蹶不振。而英格兰则开启了辉煌的"伊丽莎白时代"，"日不落"帝国开始崛起。而这场决定性海战背后的秘密也一直为人们所津津乐道。

## 英西海上争霸

1588年7月，西班牙同英格兰为争夺海上霸权，在英吉利海峡进行了一次激烈壮观、世人皆知的大海战。这次海战，西班牙出动了重型军舰和其他类型舰船共134艘，火炮2 430门，水手和炮手7 000人，接舷战步兵23 000人。神职人员和其他各类人员300人，总兵力达3万余人，号称为"无敌舰队"。

而英格兰能应敌的各种类型的舰船，大大小小凑在一起约有197艘，大部分是海盗的武装商船，规模不大，整个舰队作战人员也只有9 000人。如此悬殊的差距让人足以相信西班牙必胜无疑，但是结果却让人大吃一惊，西班牙惨败，"无敌舰队"全军覆没。此后，西班牙失去了海上的优势，国际地位急转直下，最终被英国夺去了霸主地位。

## 无敌舰队覆灭的原因

强大的"无敌舰队"在看似弱小的对手面前居然不堪一击，一战覆亡，这不能不引起历史学家及军事研究工作者的极大兴趣。学者们经过长期的论证考察，得出了以下3种见解。

16世纪的西班牙，是一个头号殖民强国和海上霸主，其殖民势力遍布亚、非、欧、美四大洲，海外贸易盛极一时，有千余艘商船常年航行于世界各大洋。各殖民地的金银和其他财富犹如一条从不干涸的溪流，源源不断地流向西班牙国库。其国力、财力之强盛，在当时的西欧可谓首屈一指。

但腓力二世的昏庸统治，致使西班牙从16世纪下半叶开始就迅

速走上了没落的道路。腓力二世是个保守的天主教卫道士。自 1556 年他即位为国王后，便开始利用宗教裁判所加强专制统治。他曾先后批准执行过一百多次火刑，迫害异端，滥杀无辜；实行重税政策，搜刮民财；对外穷兵黩武，连年征战。他专横残忍，挥霍无度，从不关心国内经济的发展，只满足于享用掠自殖民地的金银财宝，在马德里的豪华宫殿里，过着醉生梦死的生活。在他统治期间，西班牙经济凋敝，矛盾激化，危机四伏。古人云"得道多助，失道寡助"，腓力二世的反动政策和行径，激起人民的极大愤慨，他组织庞大的"无敌舰队"进攻英国自然也是得不到多少人支持，因而缺少战争获胜的基础。

英格兰当时虽然在军事上还不如西班牙，但它拥有西班牙所不具备的战争优势：先进的君主专制制度；资本主义经济飞速发展，海外贸易日益扩大；工商业和航海业颇受重视，资产阶级也拥护国家对外战争。

而且此时的英格兰早已完成了宗教改革，不再受天主教会控制，并确立了新教为国教。英格兰上下团结协力要打败西班牙，争取海上霸权，向外扩张，争夺殖民地。教会组织也意识到要向反动的天主教会抗击；百姓为了自身安全也支持国家的对外战争。这所有的一切，为英格兰的胜利奠定了坚实的基础。西班牙正是缺少这一系列优势才导致了最终的失败。

## 是天灾还是人祸

上述依据，不无道理，但也仅是一家之说。有的学者不同意这个看法，认为"百足之虫，死而不僵"，16 世纪的西班牙虽然正走向衰落，但其政治、经济实力尚未达到大厦将倾的地步。他们认为，从当时交战双方的军事实

力看，西班牙必胜无疑。"无敌舰队"之所以惨败，是因为腓力二世没有选对正确的将领。

"无敌舰队"装备完毕后，腓力二世于1588年4月25日在里斯本大教堂举行授旗仪式，任命大贵族梅迪纳公爵为舰队总司令，代其率队远征。梅迪纳本是陆军将领，根本不懂海战，对指挥舰队作战毫无经验，而且晕船。他根本没有指挥作战的能力和心理准备，对赢得这场战争更是缺乏信心。起初他就上书国王请求换人，但国王一直未允许。战事未起，主帅先怯，战争的结果也就可想而知。

果然，梅迪纳的指挥糟透了。当英国舰队发现"无敌舰队"进入英吉利海峡后，立即抢占上风方位，主动出击。梅迪纳按传统战术，命令舰队列成半月形迎战。但西班牙舰队的阵势很快被打乱，损失惨重，梅迪纳无心恋战，传令撤出战斗，向东退却。

当晚，英军采取火攻战术，他又一次惊慌失措。一天的激战过后，全军正陷入疲惫的梦中，这时英军来袭，梅迪纳从梦中惊醒，错误地让将士砍断了锚索，四处逃窜。慌乱中的船只或是被撞沉，或是在大火中成为灰烬。

梅迪纳原想等火船漂过以后，再恢复战斗序列，谁知因他错令断锚，多数军舰都丧失了两个主锚，无法停船，只好任风吹去。梅迪纳此时知道回天无术，只好率剩下的船只返航。到达西班牙时，"无敌舰队"几乎所剩无几，只有寥寥43艘残破船舰。可见，梅迪纳的错误指挥是这次惨败的主要原因。

连西班牙士兵都把这次不幸归罪于梅迪纳，他们纷纷抱怨道："真见鬼！陛下竟把一个只会在陆上走路的人派到海上来指挥。"

其实，腓力二世对梅迪纳指挥打胜这场海战也是信心不足的。出航前，梅迪纳曾接到腓力二世的密封谕旨，上面写着："密，只有在舰队总司令亡故时才许开拆。"原来，腓力二世早就想任命轻骑兵上将唐·阿隆索来指挥西班牙舰队。"无敌舰队"出航前，

阿隆索是皇家军事委员会成员，担任过西西里舰队总司令，获得过圣约克勋章。他既能知晓国王意图，又能够亲力执行，更重要的是他还善于指挥舰队。

梅迪纳的错误指挥，使得此次战争中担任分舰队司令的阿隆索也葬身海底。腓力二世为何选择梅迪纳这个庸将而不是阿隆索来担任总司令呢？这其中一定另有原委，但我们不得而知。试想如果阿隆索来指挥舰队，历史可能就要改写了。

第三种意见认为，"无敌舰队"不是毁于人祸，而是亡于天灾。西班牙舰队首先遇到的对手，不是英军，而是更加可怕而又无法战胜的大西洋的狂风巨浪。"无敌舰队"是在1588年5月末起航的，时机非常不当，这个季节的大西洋风多、雾大、浪险。梅迪纳曾为此担心却不敢违抗王命，只好硬着头皮出发。

果然，出航不久舰队便遭到大西洋风暴的袭击。6月19日，突然狂风大作，海浪涛天，"无敌舰队"的许多船只被吹翻、吞噬。淡水从仓促制成的木桶中漏出，食物大量腐烂，水手们疲惫不堪，步兵大多因晕船而失去战斗力。梅迪纳没有办法解决问题，勉强搜寻救援，也还是损失了33艘舰船、8 449名船员和士兵。天不逢时，"无敌舰队"在开战前就经受了如此重创。

梅迪纳写信据实报告国王，建议暂停远征，与敌人达成体面的协议，待来年再图进兵。但腓力二世的回答却斩钉截铁，没半点回旋的余地："即使您在拉科鲁尼亚不得不再扔下10或12艘船只，您也必须立即出港……"梅迪纳就是带着这样一支失去战斗力的队伍与英军交锋的，这就为"无敌舰队"的覆亡埋下了伏笔。

残破的舰船在退回国内的途中又在苏格兰北部海域遭到了大风暴的袭击，又导致了一部分舰船的损失。"无敌舰队"所剩无几。上天帮助了英格兰，他们仅死伤百余人，没有损失一艘舰船就打败了西班牙。事后，腓力二世不无感慨地长叹道："我派（无敌舰队）去是和人作战，而不是去和海涛作战。"这说明天灾的惩罚敲响了"无敌舰队"覆灭的丧钟。

上述三种说法。似乎都言之有理。但"无敌舰队"覆亡的根本原因究竟是缺乏战争的基础，还是无能的指挥官酿成的大错，又或者真是老天的不相助，这些都需要深入探索、分析。仅以一方面原因来为这场著名海战下定论是不足取的。

## 悬疑奇案

# 珍珠港事件疑团

日军轰炸珍珠港成功后，美军破译神秘电波并加入战团，重创日军。罗斯福是否早已知道日军轰炸的计划？是意外，还是有意为之？历史留下的是一个个难以解开的谜。

### 珍珠港事件疑云

轰动世界的珍珠港事件，没有人会对它陌生。但是，关于珍珠港事件还有许多疑问有待解答。多数学者认同下面这个说法：美国领导人早已知道珍珠港将被偷袭的消息，但为了刺激国内民众的战斗决心，才上演了一出"苦肉计"。

珍珠港位于夏威夷州瓦胡岛南岸，东距火奴鲁鲁 10 千米，它是美国太平洋舰队的所在地。1941 年 12 月 7 日日本不宣而战，对珍珠港进行突然空袭，这一事件标志着太平洋战争的爆发。

在珍珠港事件中，日军击沉了美军战列舰 8 艘、轻巡洋舰 6 艘、驱逐舰 1 艘，损毁飞机 270 架。还有一种说法是损毁了 180 架飞机，造成美军伤亡三千四百余人。美国人向来心高气傲，盛气凌人，这样大的侮辱他们怎能甘心接受。事件发生的第二天，罗斯福总统便在国会大厦发表了世人瞩目的演讲和战争声明，对日战争打响了。美国公众彻底放弃了孤立主义，投入了对轴心国的战争中。

### 神秘的破译

美国陆军于 1935 年重新设立了信号情报处，由密码专家威廉·弗里德曼领导，主要负责监听。随后，美军又成立了海军通信保密科，二者代号为"魔术"。

截止到 1941 年，"魔术"

已能成功截获并破译出绝大多数日本人用"九七式"打字机发出的"紫色密码"外交电报。1941年底，他们破译的秘密外交电报平均每周高达200页。这其中自然有很多关于珍珠港的情报：1941年9月24日，日本海军通过外务省致电日本驻檀香山总领事馆，要求总领事馆了解美军太平洋舰队军舰在珍珠港的确切停泊位置；11月15日，日本外务省要求驻檀香山总领事馆每周至

少报告两次在珍珠港的美国海军主力舰队的动向；11月18日，檀香山的日本领事馆向外务省做了一次汇报，汇报的内容是关于美军军舰在进港后确切的航向变化角度和从港口到达停泊点的时间；11月28日，日本外务省要求檀香山总领事馆立即销毁密码和密码机；12月2日，日本驻檀香山总领事馆用低级密码继续报告美军的一举一动……

这些重要情报经由"魔术"报告给美国总统、陆军部和海军部的部长、作战部长、情报局长、国务卿等军政首脑，而其他人则极少能接触到这些情报。白宫没有透露这些珍珠港的情报，太平洋舰队司令金梅尔海军上将和夏威夷基地司令肖特陆军中将对此事也完全不知情。金梅尔将军后来在接受调查时讲道："海军总部扣下了珍珠港将可能遭受袭击的有关情报，太平洋舰队被剥夺了一次作战机会，导致1941年12月7日的灾难性结局。"其实，早在1941年初，太平洋舰队包括1艘航空母舰、3艘战列舰、4艘巡洋舰、17艘驱逐舰在内的约1/4的作战力量被调拨给了大西洋舰队。同时，舰队中素质最好的官兵也被成批派送到大西洋舰队，为此金梅尔还曾多次对当时任海军作战部部长的斯塔克强调要加强太平洋舰队的实力。他在1941年9月12日写给斯塔克的信中诚恳地说："一支强大的太平洋舰队无疑是对日本的威慑，而弱小的舰队也许会引来日本人……在我们能够保持足够对付日本舰队的兵力之前，我们在太平洋是不安全的。"然而，金梅尔的建议并没有被海军总部采纳，更为巧合的是，在日本轰炸机疯狂肆虐在珍珠港上空时，太平洋舰队的主力——三艘航空母舰全部

外出（"萨拉托加"号停在圣迭戈检修，"莱克星顿"号正在行驶途中，"企业"号在珍珠港以西 370.4 千米的归途中），因此它们毫发未损。

## 紧急调集医务人员和药品

1995 年 9 月 5 日，美国当时的克林顿总统收到一位名叫海伦·哈曼女士的来信。哈曼说她的父亲史密斯当时是美军后勤部主管，父亲曾对她讲过一些不为人知的内幕：珍珠港事件前，罗斯福总统召集了少数高级军官，开了一个紧急的秘密会议。会议上说：美国高层已经预见到日本将要偷袭珍珠港，会造成大量人员伤亡和财产损失。他们命令出席军官尽快准备召集一批医务人员和大量急救物资，随时待命启运。罗斯福总统特别强调会议内容严格保密，包括对珍珠港的军事指挥官和红十字会的官员。面对与会官员的惊讶与不解，总统解释说，只有当美国本土遭到攻击时，犹豫不决的美国民众才会同意他宣布参加战争。这封信引起世界范围的关注，但是哈曼的父亲史密斯已经过世，哈曼也只是转述者，这一说法还是缺少真凭实据。

美国红十字会夏威夷分会的工作人员根据信件提示查阅了该会 1941 年—1942 年财政年度报告的影印件和有关国家档案。他们发现，在珍珠港事件前一两个月，美国红十字会和美军后勤医疗部队曾进行过不同以往的紧急调动，主要是人员和物资方面储备。正是这些储备，被投入了珍珠港事件后的紧急救援工作中。1941 年 11 月的美国红十字会总部的月度报告显示：当月夏威夷分会共接收了 2 534 名医护人员，其中 1 505 名是被紧急调去的临时人员。有内部资料说，有关人员还从夏威夷红十字分会会长阿尔弗雷德·卡瑟尔的弟弟威廉·卡瑟尔的日记中发现：12 月 6 日，夏威夷分会的全体人员奉命战备值班。

## 专家的猜测

有专家分析认为：罗斯福总统上演了一出"苦肉计"，他欲用该计消除国内强烈的孤立主义情绪，旨在让美国能赶在欧亚大陆被纳粹德国和日本法西斯全面占领之前投入战争，而且他预先调出了精良部队与装备，又暗中输送人员和物资，就是为了减少损失。但这一说法至今也没有得到证实。

## 悬疑奇案

# 克里普斯在第二次世界
# 大战期间为何突然访印

1942 年，第二次世界大战的规模达到了空前的程度。而在此时，反法西斯主力国英国掌玺大臣克里普斯却神秘地亲赴印度访问。英国采取如此行动的目的何在呢？是国内原因，还是战略需要？

### 克里普斯访印

在反法西斯战争期间，英国的下议院领袖、掌玺大臣克里普斯在 1942 年春，带着解决印度问题的《宣言草案》（亦称《克里普斯方案》），风尘仆仆地飞往新德里进行访问。英国当权人物为什么要在大战正酣之际采取这样的行动呢？

### 猜测访印原因

克里普斯访问印度的原因究竟为何，国内外学者和专家普遍认为可能有四种原因：第一种说法是"丘吉尔决定说"。一般认为，是丘吉尔本人做出的这一决定，而这一决策又同当时战局关系重大。

第二种是"罗斯福干预说"。坚持这一说法的人认为，这一行动得以实施，完全取决于美国总统罗斯福的影响和干预。

第三种是"工党压力说"。战时的英国联合内阁中一直对印度问题存在不同意见，工党还施压给丘吉尔，要他改变以往政策，争取将印度也拉入战争。在面对内阁分裂的可能时，丘吉尔不得不做出上述决定。

第四种是"印度呼吁说"。第二次世界大战爆发后第三天，即 1939 年 9 月 3 日，林利恩戈总督未经各党派的同意，就擅自宣布印度参战。印度人民对这一决定反应强烈，纷纷呼吁反英反战；印度自由派人士萨普鲁等也联名上书，要求英国首相采取行动以缓和矛盾。因此，才有了克里普斯访印。

今天，克里普斯访印的真实原因仍然是众说纷纭，莫衷一是。人们对这一历史事件的寻本探源工作仍在进行之中……

## 悬疑奇案
# 巴尔干的政治纠纷之谜

战争的动力是欲望，而要取得战争胜利的保障则是后勤支援，在战争中人们对后勤的关注远大于对战争的关注。由于以上原因，第二次世界大战时期巴尔干半岛便成了兵家必争之地，同时那里也留下了许多难解之谜。

### 资源丰富的巴尔干

巴尔干地区不仅是希特勒第三帝国的东部前线，而且其丰富的自然资源优势，尤其是战略资源——石油，更为纳粹德国提供了强大的后勤支援。同时，巴尔干地区的保加利亚、罗马尼亚和匈牙利还为德军提供了十多万的兵力，这里可谓是一块宝地，希特勒对这块宝地是如何伸出他的魔爪的呢？

保加利亚是一个山地国家，长约600千米，最宽处约300千米，位于黑海之滨，南接希腊，北临罗马尼亚。保加利亚在战争中扮演了一个十分奇特的角色。1941年12月11日，保加利亚君主鲍里斯三世对英美宣战。然而，对于与德国作战的苏联，他却采取避让态度。

1942年末，希特勒在东普鲁士的指挥所收到报告，称鲍里斯三世暗中有意将保加利亚从轴心国集团分裂出去。希特勒马上警觉起来，随即一场闻名于世，长达几十年的政治纠纷就这样发生了。如果保加利亚从轴心国集团分裂出去，希特勒将会面临失去整个巴尔干半岛的危险。为此，希特勒在巴伐利亚紧急召见了鲍里斯三世。鲍里斯三世在希特勒的一顿愤怒的训斥后，保证保加利亚不会离开轴心国集团。

此时，苏联领导人斯大林也没有放松对保加利亚的关注，他还想将共产主义的种子播撒到整个巴尔干半岛，他的目光主要放在这里丰富的资源上。希特勒听信了英国和美国特工散布的谣言，认为盟军要攻打保加利亚了，他迫不得已将兵力集中到保加利亚，因此西欧的压

力得到了很大缓解。

## 鲍里斯暴死之谜

1943 年 8 月 28 日，鲍里斯三世暴死于自己的官邸中，这距离他结束同希特勒的不悦会谈仅几个月的时间。纳粹宣传部长戈培尔声称鲍里斯三世是中了一种罕见的蛇毒而亡的。

很明显，鲍里斯三世死于谋杀。然而，谋杀者又是谁呢？德国人、英国人、美国人、苏联人，甚至保加利亚本国人都有可能。皇帝的突然死亡在保加利亚国内引起了不安和骚动。

1943 年 9 月 8 日，保加利亚为了免遭苏联人的进攻而倒戈对德国宣战。保加利亚动用五个师的兵力到前线与德军作战。讽刺的是，这些部队竟完全是希特勒下令用德式装备武装起来的。在这两个前盟国开战的同时，保加利亚的摄政委员会在莫斯科与英国、美国和苏联签署了停战协定。

然而，协议签订后不久，斯大林就派乌克兰第三方面军进入保加利亚。保加利亚共产党接管了政权，摄政委员会的成员遭到逮捕并被处死。接着，保加利亚在全国范围内掀起了清算叛国者的运动。其实，正是鲍里斯三世的死引出了上述事件，然而其真正的死因却如石沉大海，不得而知了。

## 悬疑奇案

# 希特勒血洗冲锋队之谜

1936 年 6 月 30 日凌晨，曾为希特勒立下汗马功劳的冲锋队在一阵机关枪扫射后消失了。为什么希特勒要对昔日功臣赶尽杀绝呢？是历史必然，还是派系之争？事情的真相又是怎样呢？

### 希特勒血洗冲锋队

作为法西斯头领的希特勒，同时也是一个杀人狂。杀人无数的希特勒草菅无辜并不奇怪，但一向视冲锋队为自己左膀右臂的希特勒却亲自下令处决了他一手建立的亲信武装。对于希特勒来说，包括参谋长罗姆在内的冲锋队可谓是自己的心腹，为什么他还要赶尽杀绝呢？

### 冲锋队被血洗之谜

希特勒为何血洗冲锋队呢？研究者们经研究后得出以下结论：

其一，冲锋队已经完成了历史使命。所以，无论用什么方法，冲锋队必须要退出历史舞台。

其二，希特勒与罗姆之间存在着相当大的矛盾。虽然二者是患难之交，但同时两人又有分歧。

　　希特勒上台后，罗姆就加紧发展冲锋队，还要进行"二次革命"，建立"民族社会主义"国家，这遭到希特勒的强烈反对，他本人也被希特勒残酷地处决掉了。

　　其三，冲锋队与党卫队的斗争。于1925年成立的党卫队，即黑衫党，原是冲锋队的下级组织，作为希特勒铁杆卫队的党卫队在冲锋队膨胀的同时亦迅速发展壮大。这两支军事力量在争取权势的斗争中必定会矛盾重重。1929年希姆莱任党卫队首领后，矛盾更加激化。

　　其四，冲锋队不被国防军所容。德国军队在一战后受到限制，在冲锋队成立之初，陆军方面出于将德国武装起来的目的，对冲锋队采取的是扶持态度，把它作为后备军。但随着罗姆想使冲锋队取代国防军的意图日益暴露，军界意识到其特权受到了威胁。如何取舍二者呢？希特勒本应更偏袒他的发迹部队——冲锋队；然而，这样做又会引发更棘手的问题：一是若保留庞大的冲锋队，他将很难向欧洲各国做出恰当解释，他的外交将因此而陷入难堪境地；二是如果把国防军得罪了，他继承危在旦夕的兴登堡的总统职位的目的就难以达到。经过慎重考虑，希特勒决定牺牲冲锋队。其实早在他行动之前，他就已经得到承诺：如果他这么做，军界就会支持他继任总统。

　　于是希特勒便以冲锋队阴谋"二次革命"为借口，顺水推舟地将除掉惹是生非的冲锋队和取悦资产阶级这两个目的在政治清洗中实现了。

　　归根结底，上述四条都可能引发希特勒下决心血洗冲锋队，但是事件的真正原因却仍未浮出历史的水面。

## 悬疑奇案

# 一起离奇的阴谋绑架案

温莎公爵即原英国国王爱德华八世，他为情放弃王位，并于 1937 年让位于乔治，与妻子过着平静的生活。希特勒却企图绑架他，想利用他完成"和平的绊脚石"计划，然而并未成功……

### 愤怒的希特勒

1940 年的春天，强大的德国车队已经征服了比利时、荷兰、卢森堡和法国，并且将三十多万名英法士兵赶到了法国的敦刻尔克地区，还缴获了他们的枪支、大炮、坦克等武器装备。在欧洲大陆上，大英帝国再也无力抵御德国人了。

但是，希特勒的怒火却越来越大。在柏林，他对他的亲信咆哮说，"丘吉尔以及他的死党"和英国国王乔治六世是他赐予英国和平的巨大障碍。希特勒认为应该借英国国内"和平运动"的倾向，趁机铲除丘吉尔和英国国王，欧洲就能和平了，而且他也会成为欧洲的统治者。

### 阴谋绑架公爵夫妇

在策划进攻英伦三岛，即实施所谓的"海狮计划"的同时，希特勒还在计划除掉"和平的绊脚石"——丘吉尔及乔治国王的行动。温莎公爵夫妇便成为希特勒首先盯上的目标。

温莎公爵就是最初的英国国王爱德华八世，他因为"不爱江山爱美人"在 1937 年将王位让给了乔治。然后，他和他的平民妻子来到了巴黎。巴黎沦陷后，他们又到了马德里，在那儿过着平静的生活。

希特勒计划绑架公爵夫妇，送他们回英国当傀儡国王。爱德华八世再次掌权，使乔治国王下台，丘吉尔也就会被罢免了，如此一来，连他的"海狮计划"也不需要执行了。

绑架温莎公爵夫妇的任务交给了 29 岁的党卫队军官华斯·施雷伯哥，这个人为人精明且手段残忍。很快，施雷伯哥和手下的几个人化装成德国商人来到了马德里。

1940 年 7 月 30 日，纳粹驻马德里的大使给柏林发出了一份紧急情报：一个德国间谍获悉，公爵已经被任命为巴哈马群岛的总督，他们打算在 8 月 1 日从葡萄牙的里斯本出发，登上美国的"亚瑟王神剑"号轮船，去往巴哈马群岛就任。消息传到了施雷伯哥的耳朵里，他急忙带人赶往里斯本去追截公爵夫妇。

施雷伯哥计划在里斯本抓住公爵夫妇并将他们送往柏林。那样全世界就会认为温莎公爵是为了和平，为反对丘吉尔和乔治国王自愿去往柏林，而不是被绑架的。

## 富贵命挫败了阴谋

当天，公爵夫妇在开船前三个小时就来到了里斯本的码头。公爵本人对此密谋似乎一无所知。而华斯·施雷伯哥几乎是在最后一分钟才知道公爵提前去了码头。

但是，幸运之神眷顾了德国间谍。有传言说，"亚瑟王神剑"号轮船被安放了炸弹，因此，船长下令开船时间延迟一个小时，以排除炸弹。这时候，施雷伯哥和三个手下跳上一辆汽车，疯狂地朝码头开去，希望能在开船前抓到公爵夫妇。

千钧一发的时刻，幸运之神又转而眷顾了温莎公爵。施雷伯哥的汽车在里斯本的一个十字路口与一辆大卡车相撞，他们的汽车无法继续前行。等换了汽车再追赶时，公爵夫妇已经在"亚瑟王神剑"号上了，他们因一场意外事故而脱险。

但是事后，许多人却对这场阴谋绑架案产生了怀疑，为什么希特勒刚刚制订了绑架计划，温莎公爵就恰好被外任，事情会如此巧合吗？而当施雷伯哥赶到码头，公爵夫妇真的对绑架密谋一无所知吗？而后来的事情则可以演绎成一部精彩的小说，公爵夫妇所乘的船延迟了一小时出发，在仍有一线希望成功时，施雷伯哥居然会倒霉地出了车祸，而这场车祸的发生不是很蹊跷吗？不过，时过境迁，真相早已无从知晓了，后人多是慨叹温莎公爵夫妇的富贵命使他们最终逃过了劫难。

# 世界历史悬疑奇案

SHIJIE LISHI XUANYI QI'AN

## 宫廷秘闻

## 悬疑奇案

# 法老图坦卡蒙死因之谜

图坦卡蒙是古埃及新王国时期第十八王朝的法老。他是一个毫无作为的皇帝，他9岁登基，18岁就去世了。发现并挖掘了其陵墓的英国考古学家卡特说："他最大的价值是死了并被埋葬了。"

古埃及法老图坦卡蒙的陵墓上镌刻着这样一行墓志铭："谁如果打扰了法老的安宁，死亡就会降临到他身上。"

数十年间，电影和小说不断对这条神秘的墓志铭进行传播、鼓噪，"法老咒语"越传越神，不仅让盗墓者不敢造次，也同样令考古学家和游客十分忌惮。近年，埃及考古学者勇敢地挑战咒语，用现代科技设备全面检查了法老的身体，进而揭开了3 300年前法老图坦卡蒙的死因之谜。

### 图坦卡蒙可能死于谋杀

公元前1336年—公元前1327年，统治埃及的图坦卡蒙是第十八位古埃及法老。虽然在古埃及历史上图坦卡蒙没有什么功绩，但他却是现代最为著名的古埃及法老。1922年英国考古学家霍华德·卡特和卡尔纳冯伯爵最先发现了图坦卡蒙法老的墓穴。除了墓志铭上那行令人惊悚的咒语外，墓穴内举世闻名的黄金面具、琳琅满目的陪葬品都引起了人们极大的兴趣，然而最受人关注的还是这位年轻法老的早逝之谜。18岁的图坦卡蒙突然离奇死去，死亡年龄过早、下葬匆忙、脑后部受伤……人们预感他英年早逝的背后，一定隐藏着什么不为人知

的秘密……难道年轻的图坦卡蒙死于谋杀？这位年轻国王的意外死亡之谜，引发了各种猜想，刺激着现代的探索者们试图拨开历史的层层迷雾，穿越时空，触摸那个久远而神秘的古埃及世界。

从图坦卡蒙墓穴内的构造进行分析，他的死亡可能是突发事件，因为他的墓穴又窄又小，像是还没有修好就匆匆下葬的样子。乍看上去陵墓好像不是为王族准备的，而且装饰也很简单，墓穴四壁的壁画上还泼溅了不少颜料，也没有人去擦拭干净。而一些有价值的陪葬古董其实并不是图坦卡蒙的日常用品，因为据考古证实，这些古董上竟刻着别人的名字，图坦卡蒙的名字是在把原有名字除去后再刻上去的。

英国利物浦大学的研究人员于1968年在获准给木乃伊进行X光透视后发现，在死者的脑腔中有一块骨头曾移位，而在后脑勺处有一片极像血凝块的阴影。研究小组的哈里森博士称："这团阴影边缘并无异常，但它可能是由该部位的一次脑膜内出血造成的，而这次内出血可能是后脑遭到重击的结果。换言之，这一击极有可能造成了他的死亡，也就是说不排除图坦卡蒙死于一次谋杀的可能性。"当线索逐渐地清晰起来时，这个死亡事件的种种疑点幽灵般浮现出来。

## 杀死图坦卡蒙的凶手

杀害图坦卡蒙的凶手是谁？图坦卡蒙的一生为什么如此短暂？这场政治暗杀在历史上又留下了哪些印记？王朝的命运又有了什么样的变化？鲍勃·布留尔，这位历史学家从零散的卷宗、文物、陵墓以及木乃伊这些物件中整理还原出了一个历史故事，在图坦卡蒙的故事里人们能感受到古埃及王权斗争的惨烈。

嫌疑人一：军队统帅霍朗赫布。霍朗赫布常常教图坦卡蒙驾驶战车、狩猎，这些活动都有可能诱发一次"意外"事故。如果图坦卡蒙真的是死在路上，尸体在被霍朗赫布运回之前就可能腐烂了。这倒可以解释为何木乃伊上额处倒了那么多防腐香料。霍朗赫布弑君最可能的动机是自己想篡权登上王位，要想达到这个目的，对于手中掌握军权的他并不难。

嫌疑人二：图坦卡蒙的妻子安克姗娜门。她的动机可能是篡位，或者是希望有继承人。在图坦卡蒙的墓穴中还发现了两具胎儿的木乃伊。据推断，两个死胎都是图坦卡蒙和妻子所生的女儿，这两个死胎可能是早产或死产。如果图坦卡蒙没有能力生育后代，安克姗娜门很

可能希望他出局，而自己可以跟其他男人结婚。

嫌疑人三：宰相艾。艾在图坦卡蒙父王执政时就任宰相。后来他辅佐9岁的小图坦卡蒙登基，国家大权却一直由他掌控，而且图坦卡蒙对他也非常信任。艾下毒手可能是觊觎法老的宝座，而在图坦卡蒙死后他确实当上了下一任法老。而且在图坦卡蒙的墓中还有艾主持图坦卡蒙葬礼仪式的壁画，而当时有权主持这一仪式的是将继承法老的人选。

## 迷雾揭开：图坦卡蒙并非被谋杀

后来，有人又对图坦卡蒙的木乃伊进行了 CT 扫描，而结果则显示图坦卡蒙没有遭到致命伤害。研究古埃及史的知名学者们却一致认为这是在说假话。为解开这个存在多年的未解之谜，埃及考古部和美国的研究小组用一辆载有特殊装备的车辆从帝王谷将这位法老的木乃伊运了出来，希望用高科技设备对他的肋骨和头盖骨进行立体摄影，进而找到其真正的死因。

随后，研究小组公布了扫描结果：3 300 年前的这位年轻的古埃及法老不是被人谋杀致死。研究显示，图坦卡蒙虽身体瘦削，但很健康，没有营养不良或传染病，只是有轻微唇裂。

CT 片还显示，这位年轻的法老有细微的腭裂，不像是装饰用的胡须或其他面部装饰造成的影像。他的门牙比较突出，像其家族里的其他法老一样，牙齿有覆咬合特点。埃及最为著名的考古学家、埃及古物最高委员会秘书长哈瓦斯表示，图坦卡蒙的尸体保存完好，还能够清楚地看到他脸部的轮廓，就连他的手指和脚趾也完好无损。研究小组针对有关图坦卡蒙被谋杀的种种说法进行取证，但没发现其后脑曾受到过重击，也没有其他迹象证明他是被谋杀的。

研究者还发现，他胸部意外撞伤也不存在。哈瓦斯称，研究小组有的成员认为，图坦卡蒙左大腿骨有一道骨折裂痕，显示他大腿曾受到过重伤。虽然裂痕本身不会对生命构成威胁，但伤口却可能被细菌感染。尽管这个裂痕也可能是在防腐处理过程中造成的，但研究者们认为这种可能性不大。研究结果表明图坦卡蒙并非是受到阴谋刺杀而死的，谜团解开后，这具重见天日的木乃伊又将回到他的栖身之地，安享属于他的宁静生活。

## 悬疑奇案
# 大流士获得王位之谜

　　波斯帝国历史上最伟大的帝王——大流士被尊称为"万王之王"。这位杰出的君主将波斯归于其统治之下，并征服了大片土地。而他获得王位的过程更是充满传奇……

### 发现假皇帝

　　公元前522年3月，拜火教僧侣高墨达趁冈比西斯远征埃及之际，在波斯国内发动政变。高墨达自称是被冈比西斯所杀的巴尔迪亚王子，骗取了波斯人民的支持，成为"新皇帝"。这个假皇帝很少以真面目示人，但这个秘密还是被揭穿了。冈比西斯的王妃无意中发现"新皇帝"没有耳朵，便把这个秘密告诉了自己的父亲——大臣欧塔涅斯。

　　欧塔涅斯由此推断出新皇帝并非巴尔迪亚，而是僧侣高墨达。原来居鲁士在位时，曾对高墨达做出过割去双耳的惩罚。欧塔涅斯将这一重要机密告知了6名波斯贵族，大流士即是其中一位。于是他们合谋发动政变，推翻高墨达政权。

　　这7个贵族先是派人在首都到处散布假皇帝的消息。不久，假皇帝的消息便在首都传开。高墨达见情况不妙，连忙逃到米底的一个地方，最后被大流士和欧塔涅斯等人杀死。

### 大流士"突出重围"

　　根据希罗多德的《历史》记载，当7个发动政变的贵族重新夺回政权之后，在商议波斯的统治方式的时

候，欧塔涅斯第一个发言说："我认为应该结束独裁统治，因为这既不是一件快乐的事，也不是一件好事，独裁统治者往往为所欲为。即使把这种权力给世界上最优秀的人，他也难以坚守他最初的立场和原则……相反，法律面前人人平等则会得到世人拥护。其次，任职的人对他们在职期间所做的一切负责，而一切意见均交给人民大众加以裁决。所以我的想法是，我们废掉独裁政治，给人民更广泛的权利，因为一切事情都是必须取决于公众的。"美伽比佐斯则主张实行寡头统治，并不赞同民主制。大流士则极力主张独裁，他说："一个最优秀的人物来统治一个国家是最好的选择，他能够完美无缺地统治人民，为对付敌人而制订的计划又不至于因为很多人知道而泄露。"然后他又论证了寡头制和民主制由于互相争斗，最终都会导致独裁统治。最后，大流士的主张以4：3而获得通过。在讨论由谁当这个独裁者时，7个贵族还约法三章：第一，欧塔涅斯明确表示他和他的后人不能受未来国王的支配，相反，每年国王都要给予其奖赏；第二，7个人可以自由出入皇宫，当然，国王正在休息时除外；第三，国王必须在余下6个人的家族里挑选妻子。

　　大流士自从登上王位后，为自己竖立了一块石碑，石碑上面这样写道："叙斯塔斯帕之子大流士，赢得了波斯帝国。"和他一起杀高墨达的那几个大臣，这时都不敢提出异议了。其中有个叫尹塔普列涅的大臣惹怒了大流士，结果他的一家人全部被杀。

　　公元前500年大流士发动了对希腊的战争，在马拉松战役中波斯军队惨败而归。10年后，大流士之子薛西斯又再次远征希腊，仍然是无功而返。自此，波斯帝国开始没落，但独裁统治制度却仍在世间延续。

## 悬疑奇案
# 腓力二世被刺之谜

提起亚历山大大帝，几乎是尽人皆知，世人对他的英雄事迹津津乐道。而他的父亲腓力二世就很少有人知道了，腓力二世的死因更成为了一个历史的未解之谜。

公元前336年，马其顿王国的国王腓力二世远征波斯的计划已准备妥当。然而，就在这一年的夏天，在他女儿的婚宴上，腓力二世却突然遇刺身亡。

### 刺杀事件的真实情形

事发时的情形是这样的：那是一个极为奢华的结婚典礼仪式，腓力二世的女儿和她的舅舅伊庇鲁斯国王共结连理。婚礼盛况空前，热闹至极。当时，腓力二世身着传统的节日白袍，威风八面，十分得意地在一群嘉宾的簇拥下进入礼堂。

就在腓力二世经过礼堂的入口处时，一个士兵打扮的人突然冲向腓力二世，并拔出短剑刺入他的胸膛。腓力二世猝不及防，很快便倒了下去。凶手随即转身逃走，他一跃跨上早已准备好的马匹，准备纵马逃跑。不巧那马腿被野藤绊住，凶手从马上摔下，立即被人杀死。后来经过查证，此人是个年轻的贵族。据说他是因为受到贵族阿塔拉斯的侮辱而向腓力二世寻机报复的。

### 腓力二世死因的不同说法

美国学者认为：腓力二世的前妻奥林匹娅斯是重大的嫌疑人。国舅阿塔拉斯的侄女令腓力二世着迷，

腓力二世和奥林匹娅斯又已离婚，这样就会影响到奥林匹娅斯的儿子亚历山大的继承权，进而便会引起一场重大的家庭纠纷。照此推断，奥林匹娅斯有很大的嫌疑。不过奥林匹娅斯是否为主使者还是难以断定的。

古代史学家普鲁塔克在《希腊罗马名人传》一书中认为：腓力二世的被杀与其儿子亚历山大有重大关联。他说，在腓力二世与阿塔拉斯的侄女的婚礼上，阿塔拉斯在向新婚的腓力二世祝酒时说："愿你们今后能生一个真正的马其顿血统的继承人！"在一旁的亚历山大勃然大怒："难道我不是合法的继承人吗？"说罢起身将酒杯砸向阿塔拉斯。腓力二世见此，便拔剑冲向亚历山大，结果一不留神跌了一跤。亚历山大对此嘲讽道："这个越出欧洲准备进军亚洲的将军，刚从这个桌子走向另一个桌子就已经四脚朝天了！"说完冲出婚礼大厅，然后和他母亲一起离开了。据说，后来亚历山大去了利亚伊里，而他母亲奥林匹娅斯则回到了娘家……但最终，亚历山大还是继承了王位。还有一种可能，阿塔拉斯的挑衅完全是亚历山大编造出来的，目的是为自己进行辩护。持类似态度的还有美国学者赫·乔·韦尔斯等。

世人对腓力二世被刺的推断和猜测，都因为没有实证作为依据而无法做出定论。不久前，考古学家在希腊北部发现了腓力二世的陵墓，相信随着考古的进一步发现，以及学术界研究的深入，腓力二世被刺的真实原因肯定会有一个结论。

## 悬疑奇案

# 亚历山大大帝死因与陵墓之谜

亚历山大经过大规模的军事远征，在辽阔的土地上建立起了一个前所未有的庞大帝国。正当他向更大的目标迈进时，却突然死亡。亚历山大大帝因何而死？他又被葬在何处呢？

### 亚历山大因何而死

亚历山大大帝一生难逢敌手，他曾率领马其顿希腊联军发起对波斯帝国的远征，不到 10 年的时间，就把东方广大的地区征服，从而建立了横跨欧、亚、非三大洲的庞大帝国。然而，这位战无不胜的大帝却于公元前 323 年夏在巴比伦突然死亡。他的真正死因是什么呢？

亚历山大大帝（公元前 356 年—公元前 323 年）生于马其顿都城伯拉的新兴王族家庭，腓力二世是他的父亲。他自幼便跟随亚里士多德接受良好的文化教育。16 岁时他随父亲出征，又学习了不少军事知识。公元前 336 年亚历山大即位，先后平定了宫廷内乱和北方诸侯叛乱，还击败了希腊各邦的反马其顿暴动。公元前 334 年春，亚历山大

率领马其顿希腊联军征战波斯，翌年，与大流士三世的波斯军在小亚细亚伊苏城附近大战并获胜，而且俘虏了大流士三世的母亲和妻子。公元前327年夏，乘印度诸国之间不和之机，亚历山大占领印度西北的广大地区。印度当地人民奋起反抗，他手下的战士也厌倦了连年的征战，加之当时印度当地气候炎热，瘟疫肆虐，亚历山大最后选择撤军。公元前324年，亚历山大军队从海路和陆路分别返回巴比伦。

公元前323年夏，亚历山大猝死，此前他正在酝酿一次新的远征。亚历山大是染上何种疾病而死去的呢？史学家们有许多不同的看法。

第一种说法是亚历山大被毒杀。古希腊史学家阿里安在《亚历山大远征记》中记载说，部将安提帕特鲁送给亚历山大一服药，结果服用不久后亚历山大便死去。据传这服药是在一个骡蹄壳里存放的，由亚里士多德专门替安提帕特鲁配的，由安提帕特鲁之子卡山德送给亚历山大。卡山德的弟弟埃欧拉斯里是亚历山大的御用侍从。而在不久前亚历山大曾冤枉过这位侍从，他一直耿耿于怀。

第二种说法是他死于恶性疾病。苏联学者盖尔格叶夫在《古希腊》中就持有这种观点。美国学者高勒在《亚历山大新传》一书中认为："亚历山大由于长期在沼泽地区作战而染上恶疾，于6月13日晚上恶化，医治无效而终。"他没有时间立遗嘱，王位继承的问题也没有做出明确交待。我国史学家吴子谨教授也认同此种说法。

第三种说法来自英国著名史学家赫·乔·韦尔斯。他认为："在巴比伦时的一天亚历山大醉酒后突然发烧，自此一病不起，很快就去世了。"《不列颠百科全书》也有类似的记载："在一次历时很长的酒宴过后，亚历山大就一病不起，公元前323年6月13日，也就是酒宴之后过了10天，亚历山大就死了。"

## 亚历山大陵墓之谜

当亚历山大大帝在巴比伦死后，其做过防腐处理的尸体一直存放在巴比伦宫殿的地下室内。接下来的一年里，为了争夺皇位，他的部下展开了你死我活的争斗，也使他的尸体不能及时安葬。经过一年的争夺，亚历山大帝国被划分为三块：塞琉古占领了亚洲部分；中央马其顿及希腊部分由亚历山大的遗腹子继承，而真正掌握实权的是安提帕特鲁和卡山德父子；托勒密占领了埃及。战争结束后人们才忽然想起亚历山大大帝尚未安葬。在世人的心目中，亚历山大大帝就像神一样伟大。新国王们为了能够名正言顺地继承王位，都争抢着要安葬亚历山大的遗体，他们还认为这样可以得到亚历山大的佑护。

依照马其顿王室的规矩，亚历山大的遗体由卡山德护送前往马其顿的王陵谷。没想到，送葬的队伍在路上遭遇拦截，被迫改换路线，亚历山大的灵车竟然失踪了。

几个月后在埃及亚历山大城奇迹般地出现了亚历山大大帝的陵墓，亚历山大的金棺在里面安放着。几个世纪以来，这个陵墓吸引了无数游客，许多名人也纷纷前来拜访，包括提比略、恺撒、屋大维等英雄人物。据说，有人告知恺撒在进入陵墓前里面漆黑幽深，所以只能在晴天日光垂直照射时才能进去，而且也只有两三个小时的时间，一旦超时出不来，就会在里面迷路，最后死在里面。对于这种传说，前来拜访的恺撒不信，想要举着火把进去，但他刚走到墓门处，火把便突然熄灭，连续几次都未能成功进入墓穴。恺撒便在心里乞求亚历山大给他一次见面的机会，不一会儿，陵墓竟奇迹般地变得通体光明，恺撒一个人走了进去，在里面待了两三个小时，陵墓始终通体光明，直到恺撒出来才恢复正常。屋大维拜祭亚历山大的传说则更有趣，据说当屋大维亲吻亚历山大尸体

时还不慎弄坏了他的鼻子。这座埃及的亚历山大陵墓在提比略参拜之后便神秘消失了，有人说是异教徒破坏了它，也有人说是海水吞没了它。但是，现今在埃及的亚历山大城，人们根本就没有发现亚历山大大帝陵墓的任何线索。

## 亚历山大陵墓在何处

一种说法即最大胆的推测是：埃及亚历山大城所谓的陵墓根本就没有，它是历史学家的杜撰，用来讨得罗马皇帝的欢心，吹捧他们是亚历山大事业的继承者。真正的亚历山大遗体在那次拦截事件后被托勒密秘密地转移到了没有人知道的地方。那么，亚历山大城到底有什么呢？考古学家们在亚历山大城，据说是陵墓所在的地方进行挖掘，发现了著名的孟菲斯神牛墓。可能神牛也象征着亚历山大，但依然没有任何有关亚历山大陵墓的线索。学者们又在海底进行探察，却意外发现了埃及艳后的宫殿，但还是没有发现亚历山大陵墓的踪影。

有人曾说在亚历山大东征路过埃及时，亚历山大做了一件最神秘的事——去参拜阿蒙神。他只身潜入神庙，与阿蒙神对话，而谈话的内容则无人知晓。事后亚历山大从没有提起过这件事，他说只告诉过他的母亲奥林匹娅斯。亚历山大自从踏上了亚洲的土地后就没能再回到故土，上天没有给他任何机会。有人推测那次密谈极有可能涉及亚历山大陵墓的地点，甚至不排除他本人就葬在那里的某个地方的可能性。一名希腊女考古学家试图挖掘亚历山大陵墓，到了那里后却大失所望。迄今为止，人们也没有在埃及发现任何有可能是亚历山大陵墓的遗迹。

至今，人们认为曾任亚历山大士兵方阵的总指挥知道有关亚历山大陵墓的全部秘密，可能正是他导演了这幕历史悬疑剧。那么他是否留下了有关陵墓的一些线索呢？亚历山大城图书馆的一些机密文件似乎留有线索。但不幸的是，在上个千年之交，亚历山大城图书馆的一次大火早已将这些机密文件从世间带走了，没有留下任何线索。人们推测，托勒密也许根本未曾为亚历山大造过墓，而是把他的遗体放在普通的石棺里，埋在极偏僻的地方，也可能是投入了大海。的确，像亚历山大这样的人，也许只有广袤无垠的大海才是他最好的归宿，这样方能衬托他广博的胸怀。但是，无论哪种说法都还没有定论，科学家们的探索仍在继续。

**悬疑奇案**

# 布鲁图刺杀恺撒
# 大帝的原因之谜

大多数史书对恺撒都写满赞颂，他为罗马的繁荣奠定了基础，他的名字更成为皇帝的别称。而他的死千百年来也令人猜测不已。他的儿子是否真的参与了刺杀活动？

莎士比亚在《裘力斯·恺撒》中称颂布鲁图："这才是一个真正的男人。"布鲁图就是传说中恺撒大帝与塞尔维利娅的私生子，据说，他也是策划谋杀恺撒的主谋之一。

## 恺撒之死是否与布鲁图有关

布鲁图杀父又是出于什么原因呢？他真的亲自参与了刺杀恺撒的行动吗？

公元前44年3月15日，在庞培议事厅，当那些谋杀者都向恺撒行刺时，布鲁图也刺了他一刀。恺撒和别的刺杀者拼命对抗，他一边呼喊一边挣扎着，然而当他看到布鲁图手拿匕首时，竟然默默地用外袍蒙上了头，放弃了反抗，等着挨刺。另有一些人这样写道："当布鲁图向恺撒行刺时，恺撒用希腊语说道：'是你！我善良的孩子！为什么？'看来，恺撒在临死之前，仍将布鲁图视为自己的儿子。"

普鲁塔克在给恺撒和布鲁图作传时，就是以这件事为依据的："恺撒不仅爱着塞尔维利娅，也同样爱布鲁图，尽管他只是私生子。"在普鲁塔克看来，恺撒如此反常地对待布鲁图，正是源于这种爱。但当恺撒和庞培为争夺最高权力而展开内战时，出乎人们意料的是，布鲁图竟站到恺撒的死敌庞培一边。即使

　　这样，恺撒仍没有恨布鲁图。他告诉手下人，不许在战争中对布鲁图下手。如果布鲁图投降，就俘虏他，如果他誓死不做俘虏，就随他便，总之千万不许伤害他。

　　恺撒对布鲁图可以说仁至义尽。普鲁塔克说，如果布鲁图愿意，他甚至可以成为恺撒最亲密的朋友。

　　布鲁图为什么一定要背叛恺撒，将他置于死地呢？有人认为，其根本原因应该是，布鲁图与卡西约是共和派，他们强烈不满君主专制制度，而恺撒有实行君主专制的企图。布鲁图则立场坚定："为国家自由而死，是我们责无旁贷的义务！"诸多事实证明，爱憎分明的布鲁图对恺撒大帝有着很深的仇恨。在他看来，恺撒是暴君的典型。作为"真正的男人"，布鲁图认为他注定要做的就是除暴安良，刺杀恺撒是正义之举。但这只是普鲁塔克的一些主观推断，恺撒大帝到底是被谁杀死的，还有待进一步考察。

## 悬疑奇案

# 埃及艳后容貌之谜

电影《埃及艳后》中埃及女王克里奥帕特拉被刻画得美丽绝伦、高贵典雅，但在英国国家博物馆中展出的女王雕像却被雕琢得相貌平平，一脸刻薄相。那么，女王的真实容貌到底是什么样的呢？

公元前 1 世纪埃及女王克里奥帕特拉主宰着她的王国。她的传奇人生也成为电影的素材。在电影《埃及艳后》中，伊丽莎白·泰勒、索菲亚·罗兰都饰演过女王这一角色。电影里的埃及艳后是一位绝世美人。在凄美的自杀悲剧上演前她展现了迷人的魅力，让那些男人们为她着魔，恺撒大帝和安东尼都为她的美色倾倒。但让人大跌眼镜的是，有人说，影片中美丽绝伦的埃及艳后事实上是五短身材的丑婆娘。传说她个子很矮，不足 1.5 米，而且身材臃肿，不会穿着打扮，脖子上还有赘肉，牙齿已经糟糕到需要找牙医修补的地步。

## 英国人的观点

英国国家博物馆曾首次推出了埃及女王克里奥帕特拉的展品展览，共展出了 11 尊女王的雕像。在这些雕像中所展现的女王不过是个相貌平庸、脸部线条分明、一脸刻薄相的女人。

负责此次展览的英国工作人员说："虚构的故事通常都是子虚乌有的。"

从博物馆的展品看，克里奥帕特拉并不像一个风情万种的美人，倒像是个女学者。据说她的第一语言是希腊语，她还会说拉丁语、希伯来语、亚拉姆语和埃及语。

坚持"埃及艳后容貌丑陋"这一观点的人认为：在克里奥帕特拉死后，有关她美艳的传奇蔓延开来。但真实的克里奥帕特拉只不过是一个矮胖、满口坏牙、鹰钩鼻子的女人。这不禁让人怀疑：她如此丑陋又如何能够俘获那个时代两位最强势男人的心呢？对于英国人的这一观点，埃及人奋起维护他们心目中的女神。埃及人认为英国媒体是在诋毁克里奥帕特拉，因此，这一观点遭到了埃及人的强烈抗议。有

人还将此事联系到英国戴安娜王妃和埃及人多迪的恋爱故事，一些人到现在还认为那次车祸是英国人的阴谋，因为英国人不想让戴安娜这位英国美人嫁给一个埃及人。这回英国人攻击埃及艳后也是同样出于忌妒。为了维护心中圣洁的女神，埃及人进行了一系列的反驳。

## 埃及人的观点

埃及大学文物学院前院长布鲁非苏尔说："克里奥帕特拉脸部的细腻光泽和神韵是无可挑剔的，她挺拔的鼻子和端庄的五官在古今世界的女王中绝无仅有……"埃及吉萨文物局长扎西哈瓦斯博士说："英国人说克里奥帕特拉丑陋和肥胖纯属胡言乱语，他们应该到埃及卢克索神庙去瞧瞧，这座神庙里有保存完好的克里奥帕特拉的浮雕，如果克里奥帕特拉像英国学者描述的那样不堪入目，那么为什么身边美女如云的罗马的两位盖世英豪会不顾一切地迷恋这位埃及女王？"

除坚持艳后美丽绝伦外，有的埃及学者还指出克里奥帕特拉的智慧更在其美貌之上。埃及哈勒旺大学的教授吉哈宰克先生说："尽管克里奥帕特拉不像她与罗马将军的爱情故事中描绘的那么靓丽，但她却是聪明过人的，她不是用美人计在对付罗马将军，而是用智慧。"

埃及亚历山大希腊罗马博物馆馆长艾哈迈德博士表示："克里奥帕特拉在她17岁时就接替父亲治理国家，她统治埃及是依靠聪慧的头脑和深厚的文化底蕴。她与罗马将领们相处的三件武器是聪慧、泼辣和温柔。"

埃及人反对《星期日泰晤士报》的荒谬报道。举办艳后石雕像展览的英方负责人苏珊·沃克拉女士更明确地表示："艳后的美是不容置疑的，《星期日泰晤士报》根据残缺不全的雕像，采用电脑技术绘

制出来的克里奥帕特拉的肖像是绝对不真实的，他们的这种做法只是想提高一下报纸的发行量。"埃及艳后不但受到埃及人的推崇，在世界范围内她也有很大影响。法国哲学家帕斯卡在《思想录》中写道："要是克里奥帕特拉的鼻子长得短一些，整个世界的面貌就会改变。"海涅与莎士比亚为她写下传世的诗篇和戏剧，而美国著名影星伊丽莎白·泰勒在电影中也极力展示出了埃及艳后的美艳。

一本名为《震惊世界的女人》的书中这样介绍克里奥帕特拉："她有像青春少女那样的婀娜身段，有一双乌黑发亮的大眼睛，高高隆起的鼻子显得她比普通妇女高贵。一头乌黑发亮的长发映照着她细腻白皙的肌肤，使她裸露的肢体如脂似玉，她嘴唇微翘，似笑非笑，蕴藏着一种高深莫测的神秘。在她身上兼具了东西方美女的妩媚与丰韵，可谓天姿国色。"

对于埃及艳后的容貌，以上这些争论都不无道理，但都带有个人的感情色彩，因而它们无法公正、客观地向世人展示克里奥帕特拉的容貌。埃及艳后到底是不是绝世美人这个疑惑，世人也许永远都找不到答案。

## 悬疑奇案
# 罗马皇帝克劳狄之谜

　　正史的记载与野史的传闻总是有着天壤之别。比如克劳狄，在正史中，他是一个有主见、有作为的皇帝；但在野史中，他却是一个以"傻"著称的傀儡。而真相到底又是怎样的呢？

　　罗马还是乍暖还寒的时候，带着咸味的海风徐徐吹来，既让人感受到阵阵寒意，也给地中海沿岸带来了初春的气息。公元41年1月24日这一天，罗马城中的人们在街道两旁翘首企盼，还有的人在街头巷尾走来走去。元老院议事厅里灯火通明，人声鼎沸的场面已经持续了两天，还没有停止的迹象。原来在三天前，罗马帝国的皇帝盖乌斯在皇宫里被近卫军刺杀，现在元老们正在为新皇帝的人选问题争执不休。突然，门外一阵混乱，人们循声望去，只见皇宫的近卫军官兵正簇拥着一个人走过来，这个人就是已逝皇帝的叔叔，罗马无人不知的"傻子"克劳狄。

## 克劳狄登基的始末

事情是这样的：当盖乌斯被暗杀的时候，当时已五十多岁的克劳狄正好目睹了整个过程，他吓得躲在窗帘后面浑身战栗。近卫军发现后将克劳狄拖了出来，原本打算杀了他，但看到他没有一点男子汉气魄，便放过了他。当元老院的元老们为了新皇帝的人选争论不休的时候，近卫军竟恶作剧般地拥立克劳狄为皇帝。

近卫军们不断高呼着克劳狄的名字，议事厅里却没了声响，元老们面面相觑，好长时间才明白发生了什么事。近卫军的力量在当时是没有人能与之对抗的，元老们只好照办。尽管内心并不同意，但元老们还是赶紧争先恐后地把皇帝惯有的头衔和权力授予了克劳狄。于是，罗马历史上第一个由近卫军拥立的、也是唯一一个以"傻"著称的皇帝克劳狄，就这样在垂暮之年传奇般地登上了罗马皇帝的宝座。更叫人难以置信的是，当时的罗马帝国经过长期的对外扩张，已经成了一个横跨亚、非、欧三大洲、以地中海为内海的大帝国，而这个"傻子"皇帝竟能统治这个庞大的帝国达十三年之久。人们不禁要问：他是故意装傻的智者，还是真的低能，由别人在幕后掌控呢？

## 人们对"傻子"皇帝的评价

一直以来人们都叫克劳狄"傻子"。公元前10年克劳狄出生于罗马行省高卢的首府——鲁恩，其父德鲁素斯就是这个省的总督。虽然出身高贵，但童年和少年时期的克劳狄却并不幸福。无情的病魔不仅让他失去了健康，更毁坏了他的容貌，他的智力和思维也没能正常发育，他的身体弱不禁风，行动迟缓笨拙，不会和人沟通。他长期生活在歧视和嘲笑之中，是奥古斯都家族有名的"丑小鸭"。

不过，史书中对克劳狄的记载却出入很大，众说不一，并由此引发了后人的长期争论。

根据一些史料记载，克劳狄不但在学术上有自己的见解，在政治上也很有作为。克劳狄当政前的皇帝昏庸无能，罗马帝国已经陷入了危机，国库空虚，很多元老相继去世，整个国家处于崩溃的边缘。克劳狄面对这样一个烂摊子，处理问题时所表现出来的信心、意志和智慧令所有人都敬佩。克劳狄登上皇位后做的第一件事就是重赏近卫军士兵，感谢他们的支持，并因此缓解了皇帝与军队之间的对立。他还以合作的姿态同元老院建立了融洽的关系，下令取消对有关被控叛国

罪者的审讯，召回了一些被放逐的元老，同时归还了元老们被没收的财产。这一系列"仁政"在国家政治生活中创造了一种和谐局面。在外交上，克劳狄归还了以前的皇帝从希腊不择手段弄来的雕像等一些艺术珍品，同时他又御驾亲征，率领罗马军队横渡泰晤士河，征服了一些重要的城市和小国家。克劳狄也很体谅民间的疾苦，一上台就取消了不合理的赋税，向行省居民赠送公民权，提升他们的政治地位，这些措施巩固了帝国统治的基础。

而当时罗马最著名的斯多葛派哲学家塞涅卡对克劳狄的描述、评价却前后自相矛盾。在一封信里，他称赞克劳狄皇帝是"恺撒之后心肠最好的人"，但在不久后的一篇讽刺文章里，他诬蔑皇帝是一个暴君、傻瓜，讥讽克劳狄会在死后变成一个南瓜。在当时的用语习惯里，南瓜是愚蠢的象征和代名词。后来的历史学家塔西佗等人也沿用了这种说法，一方面称赞克劳狄在统治初年的宽厚仁和，把国家治理得井井有条，赢得了人民和将士的敬爱，另一面又嘲笑他是个没有主见的笨蛋，只是按照妻子和奴仆们的意见行事，不像一个皇帝，更像一个傀儡。苏托尼乌斯在他的《十二恺撒传》里写道："由他（克劳狄）自己决断的事还不及他的妻子和被释奴仆命令的多，因为他总是依他们的意志做事。"总而言之，同时代的历史学家大都倾向于否定克劳狄，把他看作一个傻子。

在20世纪上半叶，西方历史学界掀起了对克劳狄个性特征、功过是非的重新评估、重新研究的热潮。这一次，学者们各执己见，但还是无法统一结论。

公元54年，克劳狄不明不白地死去，据说是被他的妻子用毒蘑菇害死的。他挣扎了12个小时后，悄然死去了，死后他被元老院奉为神。

这样，克劳狄传奇的一生就成了一个谜。

悬疑奇案

# 亨利八世离异之谜

作为英国都铎王朝的第二代国王，虽然亨利八世组建过一个较为完善的政府和一支强大的海军，但他却算不上是一个伟大的人物。后人津津乐道的不是他的功业，而是他几番波折的"离婚"闹剧。

亨利八世于 1509 年正式成为国王，参与过争夺意大利的战争。曾经因没能成功离婚而与英国教会产生分歧，并于 1534 年颁布法案，确定国王取代教皇成为英国圣公会的首脑，从而提升了王室在教会中的地位，扩大并强化了王室专制的权力。

 ## 政治婚姻

1501 年 11 月 14 日，西班牙女王伊莎贝拉和斐迪南之女凯瑟琳与亨利的长兄阿瑟成婚，凯瑟琳带着一份高达 20 万德克（约 500 万美金）的嫁妆来到英国。1502 年 4 月，新婚不久的阿瑟不幸病故，亨利正式成为王储。英国为了留下凯瑟琳那笔丰厚的嫁妆，同时也不愿终止与赫赫有名的斐迪南的联姻，于是在亨利七世的建议下，凯瑟琳又许配给了王储亨利。当时亨利只有 11 岁，虽然不同意这门婚事，但皇室人员以国家民族大义进行劝说，他最终还是同意了。1509 年，王储亨利即位，称为亨利八世。6 个礼拜过后，王室才公开庆祝这桩婚姻。

7 个月后，凯瑟琳生下了第一个孩子，但孩子刚生下来就夭折了。一年后，凯瑟琳又生了个男孩。正当亨利八世为都铎王族后继有人感到高兴时，孩子又不幸夭折了。接下来，在 1513 年和 1514 年凯瑟琳又生了两个男孩，却都同样夭折了。亨利八世感到了绝望，于是就产生离婚的念头。1516 年，凯瑟琳生了一个女孩，也就是后来的玛丽女王。1518 年，凯瑟琳又生了一个死胎。这样一来，不单是亨利八世，就连全英国的民众也开始担忧。因为年仅两岁的玛丽，当时已许配给法国皇太子，若亨利八世没有儿子继承王位，玛丽将来就会成为英国女皇，而她的丈夫则成为法国国王，若是这样英国就成了法国的一个

行省。

## 亨利八世"离婚"闹剧

和其他皇帝一样，亨利八世也希望通过军事冒险完成霸业。当时，法国和西班牙为争夺意大利在欧洲大陆进行激战，亨利八世于1512年参战，支持他的岳父——阿拉贡的斐迪南。但在实际战争中，他并没有展示出杰出的军事才能。亨利八世特别信任沃尔西，让沃尔西一人兼任约克郡大主教、枢机主教和英格兰大法官。沃尔西觊觎教皇之位，亨利八世也表示支持。但是沃尔西的内外政策均遭破产，使亨利八世的名声也受到影响。亨利八世企图以自己的无嗣问题来转移别人的注意力，从1527年起，他不断提出与凯瑟琳离婚。他说与寡嫂结婚违反上帝的旨意，儿子夭折就是上帝的惩罚，只有离婚上帝才能宽恕他。因为这桩婚姻原是教廷批准的，亨利八世只好向罗马教皇提出离婚申请。当时的教皇完全听命于法国的查理，而凯瑟琳是查理的姑母，教皇自然不会同意离婚。后来，亨利八世又再次把自己的离婚案提交给教皇裁决。1529年6月21日，亨利八世与王后凯瑟琳全部出庭。凯瑟琳见到亨利八世便俯身下拜，她苦苦哀求亨利八世不要离婚。她请求亨利八世顾念多年的夫妻情分，最后她问亨利八世，她到底做错了什么事。亨利八世把她扶起来对她说，他不否认这是一桩美满婚姻，他之所以这样做，完全是为了皇室与国家。当时主持裁判的费希尔主教，出面为凯瑟琳进行了辩护，使得离婚没有实现。

事实上亨利八世坚持与凯瑟琳离婚，并非出于国家利益的考虑，而是他喜欢上了凯瑟琳宫中一个

名叫安妮的女子。亨利八世对教廷的裁决极为不满，他索性开始和安妮公开交往。恋爱中的亨利八世为安妮写下了脍炙人口的 17 封恋爱信。这些"情书"至今仍珍藏在梵蒂冈图书馆。安妮为了能够得到合法地位，也希望亨利八世尽快离婚。亨利八世见罗马教廷不肯同意自己的离婚申请，于是请英国教会裁决，但也未得到受理。这时亨利八世便迁怒于主教沃尔西，把为他效命 15 年之久的沃尔西视为异己势力，沃尔西虽未被处死，却被剥夺了一切财产和权力。

经过几次离婚请求失败，亨利八世便有了脱离罗马教会的念头。英国国会于 1534 年通过《至尊法案》，确定国王代替教皇成为英国圣公会的首脑，这提高了王室在教会中的地位。1539 年克伦威尔上台，主张英格兰教会脱离罗马教会。至此，亨利八世终于如愿以偿地离婚了。离婚后的亨利八世与安妮结婚，但安妮也没能生下皇子，亨利八世后来罗列罪名将她处死。1540 年 7 月亨利八世又将扶他登上至尊地位的克伦威尔送上了断头台。在 1530 年以后，亨利八世的健康状况每况愈下。1540 年—1542 年亨利八世先与年轻美貌的卡瑟琳·霍华德住到一起，后来又和温柔的卡瑟琳·帕尔结婚。但亨利八世因疾病缠身，不久便告别了人世。

## 悬疑奇案

# 伊凡雷帝杀子之谜

伊凡四世是俄国历史上的第一位沙皇。他的性格乖戾、暴虐，而且生性多疑，因此他又被称为"雷帝"，即"恐怖的伊凡沙皇"。人们常说"虎毒不食子"，而伊凡雷帝却被怀疑杀死了自己的儿子……

### 阴暗的童年

伊凡雷帝即历史上的伊凡大帝，他3岁就继承了莫斯科和全俄罗斯大公位，号称伊凡四世。他也是俄国历史上第一位沙皇。伊凡四世性情凶残且生性多疑，因而得名"雷帝"。他的凶残与幼年的生活环境是分不开的。可以说他在17岁亲理朝政以前是生活在一片黑暗之中，先是他的母亲倒行逆施，接着是母亲神秘地死去，然后是贵族们为了权力长期相互拼杀。这样，伊凡雷帝没有接受到很好的人文教育。在这种极端阴暗的环境中成长起来的伊凡雷帝，很早便目睹了宫廷生活的黑暗和丑恶，在他的内心世界也埋下了暴戾多疑的种子。俗话说"虎毒不食子"，然而伊凡雷帝却被怀疑亲手杀死了自己的儿子。这传说可信吗？

俄国著名画家列宾创作过一幅名为《伊凡雷帝杀子》的油画：整个画面气氛灰暗压抑，弥留之际的皇太子伊凡将头无力地靠在父亲的胸前，伊凡雷帝惊悸地搂着儿子，一只苍老的、血管突出的手抱着伊凡，另一只手紧紧按住儿子流血的伤口，试图挽回儿子的生命，但这显然是徒劳的，伊凡的身体软绵绵地倒在地毯上，他用绝望而宽恕的眼神望着年老的父亲，而伊凡雷帝的双眼中则充满着悔恨，两人的眼神形成了强烈的对比，

整幅画有着一种令人震撼的艺术魅力。

## 乖戾残暴的雷帝

为什么人们会怀疑伊凡雷帝杀子呢？这可能是因为伊凡雷帝的性格非常残暴，当他还是个孩子时就经常把捉住的小鸟一刀一刀地杀死，或是将手中的小狗从高墙上扔下摔死，从而发泄心中的不快。13岁那年，他曾放出豢养的恶狗，将当时执掌朝政的皇叔伊斯基活活咬死，并将尸体挂在宫门示众。而当他刚登上皇位时，为了加强统治，就在全国范围内实行恐怖政策，严惩反对皇权的大贵族，这一政策也殃及了许多无辜的平民。他还以炮烙、尖桩刑、活挖人心、剖腹抽筋等酷刑处死了数万人，因此，人们称他为"雷帝"，这一称谓是"恐怖的伊凡沙皇"的意思。

他的独裁和暴政不仅使遭到镇压的大贵族们心生不满，也引起了广大人民的强烈反对，就连沙皇身边的人，也有"朝不保夕"的危机感。本来，伊凡雷帝的暴戾性格在他娶了温柔善良的皇后之后略有好转，皇后能理解伊凡雷帝，她开始以自己的温柔软化沙皇的残忍与阴暗，她如同天使般抚慰着伊凡雷帝。可是，拯救伊凡雷帝性格缺陷的天使没能陪他终老。1560年，伊凡雷帝亲眼看着心爱的女人病逝。失去皇后的伊凡雷帝，在童年时期形成的暴虐性格又开始显现了。到了晚年，孤独使伊凡雷帝性情变得更加乖戾、喜怒无常，他总是惶惶不可终日，总觉得有人要害他。但是，对于他的长子、未来的皇位继承

人伊凡，他还是特别疼爱的，时常让他陪伴着自己，可以说，除了这个儿子，他已经不再相信任何人了。可是这位皇太子却死在伊凡雷帝的前面，上演了一幕"父在子亡"的悲剧。

## 伊凡太子的离奇死因

关于伊凡太子的死因有着多种说法，最普遍的一种是从 1581 年起，伊凡雷帝开始怀疑太子有夺取皇位的野心，多疑的性格使他越来越不能平静，父子关系也因为他的提防而紧张起来。有一天，伊凡雷帝看见伊凡太子的妻子叶莲娜只穿着一件薄裙在皇宫中出入，这违反了当时俄国妇女至少要穿三件衣裙的规定。

伊凡雷帝勃然大怒，竟动手打了儿媳，使已经怀孕的叶莲娜因惊吓过度而流产。伊凡太子知道后，对父亲大吼大叫，伊凡雷帝也非常气愤，一边大骂着"你这个可耻的叛徒"，一边举起手中的铁头权杖向儿子刺去。晚年的伊凡雷帝手里常常拿着一根铁头权杖，铁头权杖是一根顶端包有铁锥尖，柄上刻有花纹的长木杖。伊凡雷帝如果发脾气，就会用这个铁尖木杖向对方刺去，而宫内的人只要听到木杖敲击地面的声响，就会吓得赶紧躲起来。伊凡雷帝也没有想到自己的铁杖正好刺中了儿子伊凡的太阳穴，然后就如同列宾笔下《伊凡雷帝杀子》中的惨状一般，最后伊凡太子因伤势过重结束了年轻的生命。

俄罗斯历史学家斯克伦尼·尼科夫却有另一种看法，他认为，当时伊凡父子有过激烈的争吵，但伊凡雷帝只不过用权杖在儿子身上敲了几下，并没有造成太子当场死亡。太子伊凡原先就有恙在身，再加上丧子和恨父，心情极度悲伤，以致癫痫病发作，后来又引起并发症才导致他的死亡。因为伊凡雷帝在争吵前几天所写的一封信中曾提到："儿子伊凡病倒了，今天他仍在病中。"所以，伊凡的死应该是病死，并非伊凡雷帝失手杀死了他。

在各国历史上，宫廷内部都会有血腥与杀戮，像这样的父子相残、兄弟反目的事情不在少数。伊凡雷帝是否杀死自己的亲儿子，只有等着人们慢慢寻找真实答案了。

## 悬疑奇案
# 梅林宫自杀事件之谜

哈布斯堡家族有着无数秘密，梅林宫自杀事件正是这个欧洲王族的众多秘密之一。权倾一时的皇太子为何突然自杀，是爱情悲剧，还是政治阴谋？直至现在它仍然是一个等待破解的谜。

1889 年 1 月 30 日奥匈帝国的皇太子和他的情人在梅林宫的房间里开枪自杀了。没人知道他们为什么选择自杀，梅林宫自杀事件也成为 17 世纪末至 20 世纪初欧洲的 6 大历史谜团之一，到现在也没有人能弄清事情的真相。

### 悲剧缘于殉情自杀

从皇太子和他的情妇自杀于梅林宫这一表象来看，梅林宫的悲剧可能是殉情自杀。皇太子鲁道夫在 16 岁的时候就和比利时公主斯德法妮订婚，然而他们的婚姻并不幸福，尤其让鲁道夫失望的是斯德法妮在生了一个女儿之后便不能再生育了。长久以来，鲁道夫一直都想要离婚，但是奥匈帝国的皇帝坚决反对。有一次，鲁道夫甚至自作主张，在没有征得皇帝同意的情况下，向罗马教皇提出了解除婚姻的要求。教皇没有答应他的要求，而是把这件事告诉了约瑟夫皇帝。皇帝大发雷霆，他把鲁道夫狠狠地训斥了一顿，警告他不要再胡来。绝望的皇太子于是到处寻欢作乐来麻痹自己，他结交了许多漂亮的舞女和卖弄风情的伯爵夫人，经常夜不归宿，通宵达旦地和那些女人在一起厮混。

1887 年末，在一次波兰人举行的舞会上，鲁道夫邂逅了一位名叫玛丽·维兹拉的少女，玛丽·维兹拉对皇太子一见钟情，疯狂地爱上了他。接下来的几个月里，玛丽写了大量充满浓烈爱意的情书给皇太子，最后鲁道夫似乎也被少女的痴情打动了，感到了一种从未体验过的甜蜜爱情。两人之间的感情飞速发展，每时每刻都不能分开，因此还闹出了一场丑闻：1888 年 6 月，皇太子夫妇应邀去英国参加维多利亚女皇登基五十周年庆典，玛丽在皇太子夫妇之前就赶到了英国，等

待和鲁道夫约会，太子妃知道后拒绝陪皇太子前往。这件事情之后，皇太子夫妇之间的关系更是冷到了冰点。鲁道夫有一次公然对斯德法妮说："既然没有什么解决的办法，那么我就先打死你，而后我再自杀了事。"这些威胁性的话语传到了皇帝的耳朵里，让约瑟夫皇帝气愤不已，最后只得强行命令鲁道夫为了皇室的稳定断绝与情人的来往。

1889年1月28日，皇太子原本与胡约伯爵和他的妹夫相约一起乘火车去梅林宫附近的森林中打猎。凌晨5点半，皇帝突然召见了皇太子，一个半小时以后，鲁道夫回到了自己的办公室，他立刻写了几封信，分别是给斯德法妮、他的妹妹、他的母亲以及一些朋友的。接着他回到自己的寝宫，离开妻子和女儿独自动身去了梅林宫，很快，另一辆马车把玛丽接到梅林宫。

鲁道夫在自杀前的那个晚上，他给自己的贴身仆人洛斯谢克写了一张字条，让他去找一个牧师为他祈祷，并要他把"我和玛丽合葬在一起"。后来，人们从皇太子写给妻子的信中看到这样的话语："你终于从我为你带来的痛苦之中解脱出来了，祝你永远幸福……"人们还从玛丽写给她妹妹的遗书中读道："你只能为爱情而结婚。我没有这

样做，所以情愿到另一个世界去。"因此，很多人认为，皇帝召见鲁道夫时一定痛骂了他一顿，并且逼他与玛丽断绝往来，痴情的鲁道夫不愿接受这样的安排，最后选择了殉情自杀。

## 政治原因引发悲剧

还有人认为皇太子的死可能缘于政治原因。鲁道夫作为皇位继承人，自幼就受到严格的教育，他的老师们都是帝国最出色的学者。有一段时间，他居然跟着一位被皇帝长期流放并参加过革命军的祭司学习。因此，鲁道夫在年轻时就曾匿名在奥地利报刊上发表抨击奥地利贵族制度的文章，尖锐地嘲讽说："那些贵族们愚昧无知，根本不适合担任任何官职。"他的叛逆性格受到了皇帝的关注，他每次外出都有人暗中监视，他的住处也长期受到监视。

据传说，鲁道夫曾许诺只要匈牙利人起兵造反，他就会宣布其自治，而他可以就任匈牙利国王。因此鲁道夫很可能是因为政治原因自杀的。当然要证明这一点还缺乏有力的证据，不过他在写给妹妹的信中说："我是没办法才要去死的。"似乎隐约能感觉到鲁道夫的死是被逼无奈的。

皇太子的死讯使整个皇宫紧张起来。官员们、侍从们在长廊里跑来跑去，一些人甚至紧张得不知所措。下午两点，皇帝召集全体皇室成员和大臣们，讨论如何处理这一突发事件。最后皇室对外宣布：皇太子因为极度兴奋，于今日凌晨死于心肌梗塞。1889 年 2 月 2 日午夜，一辆灵车将皇太子的尸体秘密运回了维也纳，5 日，皇太子的灵柩被送往皇家墓地。葬礼规模并不大，不过据说皇帝悲痛万分，伤心欲绝。

其实整个事件的关键就是 1 月 28 日清晨皇帝紧急召见皇太子的那次谈话，他们父子之间的谈话内容极有可能是鲁道夫自杀的真正原因。

但是，皇帝对那次谈话缄口不语。当他辞世的时候也将梅林宫自杀事件的谜底带走了，使之成为一个难以破解的谜。